갈등의 힘

이 도서의 국립중앙도서관 출판시도서목록(CIP)은 e-CIP 홈페이지
(http://www.nl.go.kr/ecip)에서 이용하실 수 있습니다.
(CIP 제어번호 : CIP2015028202)

갈등의 힘

2015년 10월 20일 초판 1쇄 인쇄
2015년 10월 27일 초판 1쇄 발행

지은이 | 서종택
펴낸이 | 孫貞順
펴낸곳 | 도서출판 작가
(120-866)서울 서대문구 북아현로 22나길 13-8
전화 | 02)365-8111~2 팩스 | 02)365-8110
이메일 | morebook@morebook.co.kr
홈페이지 | www.morebook.co.kr
등록번호 | 제13-630호(2000. 2. 9.)

편집 | 손희 김정은
디자인 | 오경은
영업 | 손원대
관리 | 이용승

ISBN 978-89-94815-56-5 03810

값 12,000원

서종택 산문집

갈등의 힘

[책 머리에]

이 책은 『풍경과 시간』 이후 나의 두 번째 산문집이다. 두 번째라고는 하지만 내가 이전부터 이러한 에세이나 칼럼에 몰두했던 것은 아니다. 틈틈이, 생각을 따라가며 일상의 사물이나 가치에 관한 짧은 상념들을 써 본 것들이다.

소설 창작은 나의 문학수업의 출발이었다. 흩어진 이야기들을 모으고 그것을 조립하고 구성하는 과정에서 느끼는 심미적 희열은 창작의 뿌리칠 수 없는 덕목이요 보람일 것이다. 작가로서의 이러한 행복은 그러나 쉽게 찾아오는 것은 아니어서 그 지점에 다가서고 그 순간을 기다리는 동안의 지리함도 크다. 사람들은 그때마다 문득문득 해찰도 부리고 자기만의 충전소를 찾기도 한다.

강의실에서 내가 보낸 세월은 그것이 충전이라기보다는 삶의 현장에서 한 걸음 비껴나 있다는 자의식의 시간들이었다. 그러나 쓰기보다는 읽기에 바쳐진 시간들을 이제는 후회하지 않기로 하였다. 한 폭의 그림을 놓고 입체감을 따지는 관람자와 제 발가락 하나 제대로 그리지 못하는 주제에 입체감이 무어냐고 답하는 화가는 대립하고 있는 것이 아니라 사실은 공존하고 있었음을 이제는 알겠다. 사회나 정치도 마찬가지일 것이다. 수용자 혹은 관람자의 내부에 스쳐가는 관념이나 관점을 의식화하고 해석하는 쪽과 그 현장을 연출해 보이는 쪽의 대립은 그러므로 방법의 차이이지 생각의 차이는 아닐 것이다. 창작과 비평이 추구하는 경지는 결국 한 곳이라는 관점은 문학에서뿐 아니라 우리들의 삶의 원리에도 부합되는 명제일 것이다.

이 책에 실린 글들은 대학의 저널이나 잡지, 많게는 신문에 연재되었던 칼럼들을 모은 것이다. 시사적 성격이 강할 수밖에 없는 이 책의 단점이란 너무 특정한 현장에 매달리고 있었다는 점이요, 장점이란 그것들을 한정하지만은 않았다는 점일 것이다.

그동안 우리 사회는 개인과 개인, 집단과 사회와의 관계가 하나의 상호작용 속에서 이루어지지는 않은 것 같다. 그것은 일방적이거나 폭력적인 어떤 관계에 불과했다. 지금 우리 사회에 존재하는 흑백과 찬반의 논리는 중간색과 망설임을 받아들이지 않고 있다. 갈등이란 나와 너, 우리와 그들 사이의 어떤 관계 속에 반드시 끼어드는 불가피한 현상이지만, 사회의 형성에는 갈등의 원동력이 반드시 필요하다. 흑백과 찬반을 통합하는 변증적인 관계에 대한 인식이야말로 갈등의 본질이며 대결로 치닫기 전의 통합을 위한 전 단계라 할 것이다.

그동안 썼던 글들을 모아보니 나의 생각의 깊이나 넓이에 대한 자괴감을 넘어 시대의 우울이 그대로 드러나 있어 심사는 더 울적하다. 대립과 반목에 익숙해져버린 세상, 그러나 갈등은 결국 화쟁에 이르는 통로라는 믿음을 이 책에 담아본다.

2015 가을

서종택

차 례

제2부

제3부

제1부

풍경의
시각

우리 근대 문학사에서 무슨 소린지 알 수 없는 시를 처음 쓴 사람은 이 상이었다. 그리고 하릴없이 집을 나서 시내를 배회하는 주인공에 대한 묘사로 알관하는 소설은 박 태원이 처음 썼다. 이들의 작품을 대했을 때 독자들은 많이 당혹해 했다. 특히 이 상의 어떤 시는 띄어쓰기도 하지 않고 줄글로 이어지거나 기묘한 형태의 기호 부호를 넣어 기왕의 시형태의 관행을 깨트린 것은 물론 내용도 난삽, 난해하여 이해가 어렵다. 그의 시 「오감도」 연작이 발표되었을 때 독자들의 항의와 비난이 빗발쳤고, 신문사의 편집장은 사표를 냈으며 연재는 중단되었다. 이때 시인은 "우리는 언제까지 저 19세기의 달만을 쳐다보고 살 것인가?" 하는 넋두리를 남기고 '개화된' 도시 동경으로 떠난다. '오감도'는 「조감도」를 패러디 한 조어로 '새 조' 자에서 한 획을 빼버린 '까마귀 오' 자로 변조, 섬뜩한 이미지로 시대에 대한 냉소와 절망을 담았다.

이 작품들에 대한 해석과 평가도 제각각이어서 지금까지 이 상 시를 논해서 평론가 면허증을 딴 사람도 수십 명이고 박 태원의 주인공 '산책자'에 대한 연구로 박사를 한 사람도 수십 명이다. 평론과 논문의 내용도 제각각이어서 이 상 시에 대한 경멸과 찬탄은 아직 공존하고 있으며 그 때문에 한국 현대시에 대한 생각들은 반복, 지속적으로 이어지고 있으며, 하릴없이 경성 시내를 배회하는 박 태원의 인물 '구보씨'의 행적에서 우리는 도시인의 탄생과 그 생태를 논하게 된다. 이 반복되는 해석과 평가는 한국 근대문학사 논의를 풍부하게 해 주었는데, 그것은 그들의 작품에 대한 해석이나 평가가 결론지어져서 보다는 논점으로 진행 중이기 때문이다.

이광수의 「단종애사」나 김동인의 「대수양」은 조선왕조에서의 동일 인물을 가지고 상반된 이야기를 만들어 낸 소설의 대표적 사례로 꼽힌다. 식민 상황이 절정에 다다를 무렵 이광수는 어린 단종이 삼촌 수양대군에게 왕위를 찬탈 당하는 비극적 과정을 연대기 식으로 그려냄으로써 국권을 상실한 조선의 민족정신을 일깨우려는 의도를 분명히 했다. 역사 소설은 과거를 오늘에 재현함으로써 과거 사실의 현재적 의미를 되살리는 의도이기는 하지만 지금/여기가 아니라 그때/거기의 이야기라는 점에서 다소 소극적이고 우회적인 현실참여의 방식임에 틀림없다. 그럼에도 불구하고 이 소설은 망국의 설움을 달래주는 당시의 인기 있는 소설이었다. 김동인의 「대수양」은 이광수와 동일한 사건을 소재로 한 것이지만 그 과정과 결과는 상반된다. '대수양' 에서의 수양대군은 왕위 찬탈자인 악인이 아니라 정치적 역량과 신념이 투철한 대인물로 추앙된다. 세종의 뒤를 이은 문약한 문종이 죽기 전 세자를 주변 신하들에게 부탁을 하지만 어린 단종의 신임을 얻은 수양의 계략과 야심에 의해 주변인물들이 숙청되고 단종도 결국 제거된다. 이 두 소설에 나타난 이광수의 보수적 왕통 정통론과 김동인의 진보적 개혁주의의 마주침은 흥미롭다. 어린 단종의 죽음을 슬퍼하는 이광수와 시대의 대업을 위해서 조카를 과감히 제거해 버리는 수양에 대한 묘사는 세계인식의 대비이자 관점의 제시였다.

예술이건 역사건 그것들은 고정된 실체로서가 아니라 그 해석과 평가들에 의해서만 비로소 살아있는 텍스트가 되고 역사가 된다. 그 해석과 평가들의 마주침은 문화사와 역사를 무질서와 혼돈으로 몰아넣기보다는 풍성한 담론의 세계로 우리를 안내한다. 「삼국사기」는 「삼국유사」와의 공존에서만이 그 위상이 드러난다. 삼국유사는 그러므로 단순한 야사가 아니라 왕조사에 마주선 대안사였다. 4·19가 의거인지 혁명인지, 5·16이 쿠테타인지 혁명인지, 5·18이 폭동인지 저항인지는 죽은 과거가 아니라 살아있는 오늘의 관점에 의해서만 그래야 한다.

어제는 오늘의 관점으로 열려 있는 현재이다. 우리 앞에 흐르는 수많은 역사라는 이름의 풍경들은 그러므로 정의되어야 할 대상이 아니라 사유되어야 할 대상이다. 한쪽으로 고정된 카메라의 앵글로는 풍경을 제대로 잡아낼 수 없다. 역사 교과서가 하나로 통일 되어서는 안 되는 이유이다. (2015)

풍속과 표현

방송통신심의위원회의 인터넷 심의 기준에 대한 논란이 뜨겁다. 최근 열린 심의위원회에서는 한 누리꾼의 미니홈피에 올린 남성 성기 사진에 대해 삭제 결정을 내렸다. 그러나 심의에 참여한 한 심의위원이 자신의 의사와 반하는 그 결정에 불복하는 뜻으로 자신의 블로그에 그 삭제 결정된 게시물을 퍼 올렸다. 일부 언론이 방송심의위원이 음란물을 블로그에 올렸다며 비판하자 그 심의위원은 말썽이 된 그 사진을 내리고 대신 프랑스의 근대화가 쿠르베의 〈세상의 근원〉이라는 제목의 여성 성기 그림을 올려 자신이 올린 문제의 사진은 현재 프랑스의 유명 미술관에 걸려 있어 누구나 볼 수 있는 그 그림과 같은 수위의 것이었다고 썼다.

이 상황은 당연하게도 말썽을 일으켰다. 성기의 형상은 어느 정도였는지, 그 게시물은 또 얼마나 유해하게 보였는지, 삭제 결정이 얼마나 부당했기에 그것을 퍼담아 오게 되었는지, 그렇다면 그 사진은 얼마나 표현적이었는가가 우선 궁금했다. 사이트를 뒤져 보았으나 이미 삭제되고 없었다. 프랑스의 유명 미술관에 걸린 그림과 '같은 수위' 의 것이었다고 한 것으로 미루어 그 수위란 아마 노출의 수위를 말하는 것 같다.

사진이나 그림 혹은 영상이란 우리가 묘사하거나 찍지 못할 그 어떤 것도 없다. 다만 오랜 관습에 의해, 은밀하게 감추어진 어떤 것을 들추거나 묘사할 때는 관습과 금기를 깬 행위 자체만으로도 일단 비난을 각오해야 했다. 그러나 이러한 사례는 시속의 빠른 속도와 표현물의 예측 불가능한 변화들을 감당하지 못하게 되었고, 노출의 정도를 가지고 그 한계선을 정할 수 없게 된 지 오래다.

그래서 이번의 심의위원회의 삭제 결정 논란은 새로울 것도 새삼스러울 것도 없는 해묵은 행태의 반복일 뿐이다. 우리들의 일상의 공간에는 성적인 것이 범람해 있고 그것들은 찾아보기도 전에 이미 노출되어 있다. 우리가 늘 그 유해성을 걱정하고 그 은밀함에 기웃거리기도 하지만 이 사회의 속악과 비루함을 그것들이 대표한다고 볼 수만은 없다. 그것은 걱정되는 현상이지만 두려워할 일도 아니니다. 섹스는 접근하기에 따라 삶과 죽음, 해학과 풍자, 성과 속에 관련된 인간의 창조와 표현의 근원적인 모티프가 될 수 있다. 수많은 예술가들이 줄기차게 여기에 매달리는 것도 이 때문일 것이다.

표현은 늘 풍속에 저항하면서 성장해 왔다. 그 성장의 과정에서 늘 풍속이 표현을 억압하였으며 결과는 늘 표현의 승리였다.

인쇄물, 전시물, 상연물은 일시적으로 삭제되고 취소되고 잘리어 나갔고 저작자는 추방, 투옥되었지만 결국 그것들은 복원되고 상연되고 해금되었다. 이처럼 표현이 시대를 거느리고 풍속이 표현의 뒷덜미를 잡아끄는 형국이야말로 표현(예술)의 발전 혹은 변모를 주도하는 원동력일 것이다.

그리하여 이 대립과 갈등의 과정에서 우리가 불가피하게 마주치게 되는 관습과 윤리와의 충돌은 피할 것이 아니라 오히려 가담해야 할 게임이다. 하나의 사진이 어떻게 '사회질서'를 해치고 '성욕을 자극'하는지에 대한 논란은 그러므로 문책이 아니라 평가의 문제여야 할 것이다.

최근의 한 누리꾼의 홈피에 내린 삭제 명령은 과연 그 게시물의 노출의 정도 때문이 아니었기를 바란다. 심의위의 결정에 불복하고 자신의 블로그에 옮겨 담은 게시물 역시 노출의 정도가 아니라 표현의 정도 때문이었기를 바란다. 이는 심의위원들을 모두 예술인들로 구성하자는 뜻도 아니고 심의위원들을 모두 윤리주의자로 구성하자는 뜻도 아닌, 오직 논란의 자유 때문이다. 세상은 온통 표현될 수 있는 소재들로 충만해 있지만 그것들이 날 것 그대로 복사되거나 까발려지기보다는 하나의 구조로 형상화될 때 비로소 아름다움이 되고 윤리가 된다. 게시물들을 감독하는 '심의위원회'는 그러므로 우리에게 하나의 '필요한 오류'임이 분명하다.(2011)

감전연습

우리는 무엇에 공감하나. 이 질문은 다소 불온해 보인다. 여기에는 우리가 공감할 수 있는 것들에 대한 인색한 반응, 혹은 공감해야 할 것들에 대한 무감응에 대한 섭섭함이 내포되어 있는 것 같이 보인다. 듣기에 따라 질문일 수도 있고 하나의 명제일 수도 있는 이 진술은 오늘의 현대 사회에서의 우리의 감성지수의 메커니즘을 그대로 반영하고 있다. 우리가 공감하는 것이 무엇이냐는 질문 속에는 이처럼 무뎌진 감성이나 도덕적 해이, 혹은 마비되어버린 소통감각을 나무라는 의미가 담겨 있다.

그렇다고는 해도 우리가 무엇을 함께 느끼고 그것을 드러내는 데는 그리 절망적이지만은 않다. 가령 아프리카의 작은 마을, 브라스 밴드가 마을을 행진하고 선두에 소년들은 환하게 웃고 있는 한 남자의 사진을 들고 있고 톤즈 마을의 키 큰 딩카족 사람들이 연신 울면서 걷고 있던 장면을 떠올려 보자. 질병과 가난에 맞서고, 가족과 소를 지키기 위해 싸우면서 눈물만은 보인 적이 없었던 그들 딩카족 사람들이 질금질금 울면서 걷고 있던 TV 화면, 그들의 배웅을 받으며 이 세상 마지막 길을 떠나는 사람, 톤즈의 선생님이자 의사였고 지휘자이자 목수였던 이태석 신부의 다큐멘터리가 펼쳐지는 동안, 화면을 보고 있던 어느 날 저녁 밥상머리에서 우리는 내내 그들과 함께 울었다. 공감 때문이다.

위험한 건물 꼭대기, 불길 속에서 점거농성을 벌이던 세입자와 철거민연합회 회원들과 경찰, 용역 직원들 간의 충돌이 벌어지고, 경찰의 무차별 진압으로 철거민들이 떨어져 죽고 부상하여 유족들이 절규할 때, TV를 보던 우리는 함께 분노하고 안타까워했다. 쿠데타와 민주화운동 유혈진압 등의 책임자로 내란 · 반란죄가 적용돼 사형선고를 받았던 전직 대통령이 사관학교에서 생도들을 사열하고 경례 받은 사실이 보도되었을 때, 우리는 분노했다. 이것들은 철거민에의 공감, 혹은 독재자에 대한 반감 때문일 것이다.

아프리카 오지의 신부의 이야기나, 낙엽처럼 불길 속에 떨어져 죽은 철거민, 감옥에 있어야 할 사람이 생도들을 사열하고 있는 모습들에서 보이는 반응, 개인이나 사회나 역사와 관련된 이 사례들을 접하는 오늘의 우리의 태도에는 분명한 변화가 오고 있음은 사실이다.

우리가 그동안 추구해 오던 편안하고 고통 없는 인간적인 문명에 대한 동경이 초래한 현상은 이제 공포가 되었다. 고통과 아픔이 없는 사회는 우리가 꿈꾸어 온 이상이었지만 그것을 추구하는 과정에서 우리가 필연적으로 만날 수밖에 없는 것이 바로 비인간화이다. 그리하여 우리는 '병든 사회' 에 속해 있기 이전에 '무통 사회' 라는 병리현상 속에 살고 있다. 산모의 고통을 줄이기 위해 무통 분만을 실시하여 아이를 낳는다. 그러나 자신의 아이를 버릴 수 있는 어머니는 다만 그 아이를 무통으로 얻었기 때문은 아닐 것이다. 어머니의 사체 옆에서 스타크래프트를 즐길 수 있게 된 아이 역시 그가 무통으로 태어났기 때문은 아닐 것이다. 뇌에 손상을 입은 어떤 사람이 중환자실에 입원해 약물치료를 받으며 더 이상 나빠지지도 좋아지지도 않은 채 식물처럼 잠자듯 누워있는 일상이야말로 현대문명이 대량 만들어낸 인간의 모습이다. 미국에 있는 아들이 돌아올 때까지 어떤 환자의 생명은 약물에 의해 '연장' 된다. 죽음이 문득, 예고 없이, 운명처럼 찾아오는 것이 아니라 이제는 거기에 맞는 일정을 잡을 수 있게 되었다. 현대 사회는 이렇듯 죽음의 '자기결정권' 에 간여한다.

환자들이 누워 있는 거대한 병원은 가축들이 수용되어 있는 거대한 축산농장 같다. 좁은 우리에 갇혀 적당한 온도와 빛과 음식이 자동으로 조절되는 양계장의 닭들에게처럼 인간들에게도 그대로 적용, 처방된다. 그래서 우리는 지금 가축 같다. 쌀은 자동공급 되고 추위와 홍수로부터 보호되며, 출산마저 '관리' 되고 아이의 품종(?)은 '개량' 된다. 아이들은 운명적으로 태어나는 것이 아니라 인위적으로 조절된다. 신체의 모양이 변하며 마침내 죽음마저도 조절된다. 예기치 않아야 할 죽음의 본질이 배제되고 그것이 통제되거나 자기결정권도 없어진다. 서양의 어떤 시인은 일찍이 우리들의 삶의 공간을 '거대한 병동' 이라고 노래하였지만 이것을 통증을 치료해 주는 병원으로 바꾸어 볼 때 무통 사회 혹은 무통 문명의 시대 속에 우리가 살고 있음을 보여준다.

현대사회의 적막감이란 무엇보다도 아픔이나 슬픔이 전이되지 못하는 절연체로서의 개체들의 집합에서 온다. 형광등의 불빛이 우리를 안도케 하는 것은 불이 켜지기까지의 순간의 긴장감에 있다. 스위치를 눌렀을 때 영점 몇 초 동안의 깜박거림, 그 감전의 시간이 우리를 초조하게 하지만 마침내 경이롭게 한다.

감전되지 않은 센서는 늘 우리를 어둠 속에 서있게 했다. 인간적인 문명사회를 찾아가다가 비인간화와 만나지만, 우리는 그 피할 수 없는 현상과 싸우는 과정에서 인간화는 기대할 수 있다. 상처를 공유하고 아픔을 공유하고 마침내 공감에 이르기까지 우리는 수많은 감전연습이 필요하다. 미세한 울림과 떨림에 주목하는 것이 인간적 삶이다. 이 감전하는 감각의 훈련만이 우리를 구원해 준다. 그리하여 인간이야말로 희로애락의 원천이요, 그 가치가 거래되는 본체임을 보여야 할 것이다. (2012)

표절

소설가 신경숙 씨의 표절이 화제가 되고 있다. 많은 사람들이 비슷한 논조로 작가를 비판하고 표절에 대해 관대했던 그동안의 문화계의 관행을 비난하고 있지만, 그럼에도 불구하고 이는 다시 강조하고 지적해도 지나침이 없는, 우리문화 풍토의 염려스러운 상황임이 분명하다. 신 씨의 표절은 당연히 문제가 될 수밖에 없는 내용이고 부와 명성을 함께 누리고 있는 그녀에게 작가적 책임과 윤리 문제의 추궁은 피할 수 없게 되었다.

비록 조야한 감성에 의존하는 대중소설 몇 편에 드러난 일부 베끼기라고 해도, 동네 파출소에서 흡연자 단속하듯 조치하고 지나갈 문제는 아니다. 문단의 문제는 문단에 맡겨달라는 요구도 잘못된 우월적 폐쇄주의요, 더 지켜보자는 신중론 또한 모처럼 일기 시작하는 이 땅의 비평 환경에 찬물을 끼얹는 행위이다. 표절 대상작품은 읽은 기억조차 없다고 말했다가 들끓는 여론에 자세히 대조해 보니 그걸 표절이라고 비난해도 할 말이 없게 되었노라고 3인칭 관찰자 화법으로 자신을 둘러대는 작가의 행위도 비겁하기 이를 데 없다. 소위 문단의 권력(이 아니라 조직이다)이라 불리는 출판사 측의 침묵은 야비하다. 시민적 자각, 민중적 대의를 대신하며 진보와 개혁을 표방해 온 인사인 출판사 대표의 사과나 성명이 없는 것도 놀랍다. 그동안 자신이 이끌어 오던 사회적 함의와 그를 따르던 많은 학생과 지식인들을 실망 또한 그만큼 클 수밖에 없다.

표절은 창작의 동기나 의도가 심리적인 것이기 때문에 결과는 법적이기보다는 윤리적인 문제라 할 수 있다. 윤리적이기 때문에 독자나 감상자들은 이성적이기보다는 감성적으로 대응하는 경우가 많다. 그러나 그것은 모든 창의적이고 참신한 이야기나 표현을 추구하는 예술 일반에 대한 모욕이다. 베끼기, 짜맞추기, 훔치기는 예술창조의 공공의 적이다. 학창시절 유명 작가의 작품을 필사함으로써 문장이나 구성의 기술을 익혔다는 학습경험, 오랫동안 방송국의 스크립터로 일하면서 몸에 밴 이런 저런 에피소드와 경구나 묘사들을 짜깁기하여 방송용 문장을 만들곤 하였다는 문장수업, 그 어느 것도 자신에게 타성이 되어버린 표절을 변호해 줄 수는 없는 것이다. 그것은 곧 자신의 삶과 사회에 대한 세계 인식의 불모성, 창작예술에 대한 작가의 왜곡된 인식을 드러낸 것과 다름없다.

지상의 모든 이야기와 심상들은 인류가 그동안 누려온 경험과 감성의 몇 가지 원형에 불과한 것이고 그것은 다만 공간과 시간을 달리하는 나라와 예술가들에 의해 수없이 재창조되고 변형되고 반복된다는 신화주의자들에게도 베끼기는 용납되지 않는다. 스토리의 유사성은 비교의 대상이지만 그것을 드러내는 담론의 방식에서는 창의성만이 존재할 뿐이다. 춘향이나 심청, 로빈 후드와 홍길동, 장수와 미녀, 왕자와 거지 그 어느 이야기도 하늘 아래 새로운 것은 아니었다. 나라마다 지역마다 시대에 따라 신화나 전설들은 개성적으로 창의적으로 다른 모습으로 재현되고 변주되었을 뿐이다. 그러나 하늘 아래 새로운 것 없다는 문학의 세계주의자들의 논거도 시인 작가들로 하여금 그 위안의 우산 속으로 도피하게 할 수는 없다. 개성보다는 유형에 매달리는 신화주의 비평에서도 그 소재와 표현적 특성은 신성, 우선시된다.

세상에는 많이 읽히지만 조야한 작품과 덜 읽히지만 유의미한 작품이 공존한다. 비평가나 독자가 이때 참여해야 할 문제는 삶의 문제들에 대한 상투성과 진지함, 진부함과 참신함, 순응과 탐색의 의미를 밝혀내는 일 이상으로 그러한 과정에서 만나게 되는 작품의 창의적 개성이다.

세상의 예술가나 저작가는 때때로 표절의 유혹에 시달리는 우범자들이다. 어떤 잘 만들어진 형상이나 성취된 가치에 대한 흠모는 결국 그들을 왜곡된 모방 — 표절로 이끌기도 한다. 그러나 모방의 윤리는 재현에 있다. 다른 사람의 창작물을 베낀 것과 모방한 것은 복사와 재창조라는 점에서 다르다. 패러디나 알레고리, 심지어 오마주로 대표되는 어떤 모방 대상물 설정마저도 그 나름의 치열한 심미적 정신작용과 세련된 감성의 대입 없이는 불가능한 재창조의 사례들이다. 모방은 재현함으로써 구원받을 수 있지만 표절은 모방의 왜곡된 형태이자 창조의 포기이다. (2015)

비정규
사회

제자에게서 전화가 왔다. 연구 실적 많고 능력 있는 친구였다. 이제 소원이던 연구실을 얻게 되었노라고, 자신이 전공한 관련 학과에 취업이 되었노라고, 소식도 전하고 안부도 여쭐 겸 전화 드린다며, 그러나 취업되었다는 반가운 내용과는 상관없이 그의 목소리는 가라앉아 있었다. 차분한 건지 우울한 건지가 구분되지 않은 그의 음성에 의아했다.

"왜 그리 힘이 없나?"

"비정년트랙 아시지요?"

"트랙은 무슨 트랙?"

"모르세요? 1, 2년마다 계약서 쓰는."

그는 수화기 저쪽에서 갈매기처럼 끼룩끼룩 웃었지만 나는 같이 웃어줄 수 없었다.

"그건 사기야."

나는 축하의 말 대신 욕설을 퍼부었다. 학과 교수들도 '비정년트랙' 이라는 희한한 이름의 이 교원직급을 차마 반대하지 못한 채 강의 결손을 막기 위해 학교 당국의 이 결정을 울며 겨자 먹기로 받아들인 모양이었다. 말하자면 노동법에도 없고 학교 교원의 지위에 관한 법규에도 없는 이 보직은 이른바 자본주의 체제하에서의 근로자들의 권익을 위한 노사관계, 인간다운 생활과 생존권 확보를 보장한다는 그 어떤 법규에도 없는 신종 직급인 셈이다. 외환위기 당시 늘어만 가는 실업률을 줄이기 위해 정부가 기업들에 권장하여 채용하곤 했던 이 한시적 임시방편적 고용정책을 대학들이 덩달아 도입함으로써 이제는 정규직 1인 임금을 2, 3인 임금으로 쪼개어 나누어 주는 쪽으로 악용하고 있는 셈이다. 현행 대학설립 · 운영규정은 편제완성연도를 기준으로 한 계열별 학생정원을 계열별 교원 1인당 학생 수로 나눈 수의 교원을 확보해야 한다고 규정하고 있다. 하지만 주요 대학의 전임교원 확보율이 60~70%에도 미치지 못한 것으로 드러났다. '비정년트랙 전임교원' 이라는 명칭으로 이들은 교육 당국에 '전임교원' 으로 등록을 하면서도 실제적으로는 계약직으로 고용하고 있다. 연봉도 권한도 정규직 교수의 절반 이하인 반쪽 교수다.

대학의 교원은 원래 시간강사와 전임교원으로 나뉘었다. 그러던 것이 언제부터인가 그 명칭이 세분화되기 시작했다. 교양교수, 강의전담교수, 연구교수, 객원교수, 촉탁교수, 외래교수, 특임교수, 석좌교수……. 그 명칭은 헤아릴 수 없으나 임금이 적고 임기가 비정기적이라는 데서 공통된다.

대학에서의 이 같은 계약직 교수의 확산에는 정부의 대학 평가 방식에 가장 큰 원인이 있다. 정부는 각종 재정지원 사업, 부실 대학 선정 등에 '전임교원 확보율'이라는 지표를 활용한다. 학생 수에 비해 얼마나 많은 전임 교원이 있는지를 따지는 것은 합당한 평가기준의 하나이기는 하지만, 전임교원의 가장 중요한 단서인 정규/비정규를 묻지 않음으로써 대학의 임금착취, 노동착취를 비호하고 있거나 거기에 가담하고 있는 형국이다.

비정년트랙 교수 임용 추세는 이제 각 대학이 앞다투어 취택하고 있는 신종 고용형태가 되었다. 심지어 신규 교원을 100% 비정년으로만 임용한 학교도 있다고 하니 대학의 질적 수준저하, 경쟁력 약화는 당연해진다. 정년도 보장되지 않고, 동일 직급의 전임교원에 비해 차별적 대우를 받는 '비정년' 교원의 급증은 그대로 대학교육의 위기로 이어질 수밖에 없다.

모든 분야에서의 오늘의 비정규직 고용의 팽배는 결국 우리 사회의 비정규화를 부채질하고 있다. 비정규직은 연봉과 권한이 적은 만큼 책임과 의무도 없다.

손님인지 도둑인지 묻지도 않은 경비실 아저씨, 난파한 선박에서 탈출하는 선장, 비상착륙한 비행기의 기장 모두 그들을 그렇게 살도록 강요한 더 큰 테두리 — 이른바 시장의 논리 속에 갇혀 있다. 그들에게 주어진 소명이 한시적 · 일시적인 것처럼, 우리는 지금 책임도 권한도 의무도 사라져버린 비정규 사회로 치닫고 있다.(2015)

오월의 길

오월은 뭐니 뭐니 해도 "바람은 넘실 천 이랑 만 이랑/이랑 이랑 햇빛이 갈라지고/보리도 허리통이 부끄럽게 드러" 낸 계절이다. 바람에 흔들리는 영랑의 오월 보리밭은 이렇듯 생명력 넘치는 모습의 시골처녀 허리와도 같고, 피천득의 산문에서처럼 5월은 "방금 찬물로 세수한 스물 한 살의 청신한 얼굴과 하얀 손가락에 끼어 있는 투명한 비취가락지" 같은 계절이기도 하고, 노천명처럼 오월은 '계절의 여왕' 이기도 하다.

오월은 이렇듯 우리에게 황홀 찬란하고 눈부시고 눈 시려서 져버린 '모란' 처럼 슬프기까지 한 역설의 계절이기도 하다. 아마 그래서일 것이다. 사람들은 해마다 오월이면 그림처럼 왔다가 음악처럼 사라지는 이 대자연을 배경 삼아 가족과 학교와 사회를 되돌아보고, 사람다운 삶을 살아가야 하는 일의 소중함과 보람을 되새기려 하는지도 모른다. 근로자의 날, 어린이날, 어버이날, 스승의 날, 성년의 날 ― 이처럼 제정된 '날' 들의 행렬은 새삼스럽고 조금은 조야한 기획이기는 하지만, 결국 사람다움에 대한 우리들의 오랜 소망들을 담아본 것에 다름 아니요, 세상살이의 번다함이나 각박함 때문에 우리가 그동안 미루어왔거나 잊고 지냈던 삶의 소중한 덕목들을 호명해 보자는 의미일 것이다. 기념일이 유독 오월에 몰려있는 것은 아무래도 명상적이고 비생산적인 낙엽 지는 가을보다는 행동적이고 계획적인 신록의 시간이 더 어울리기 때문일 것이다. 오월은 그래서 감사와 은혜와 축복이 넘치는 계절로 간주되어 왔다.

그러나 언제부터인가 오월의 감사와 은혜와 축복의 세리머니 뒤에 분노와 비탄의 정서가 자리 잡게 되면서 이 계절의 슬픔은 시작되었다. 가슴에 카네이션을 단 '어버이' 나 '스승' 들의 어깨가 한쪽으로 기울기 시작한 것은 이미 오래전 일이며 학교 앞 아이들은 「양철북」의 소년처럼 성장을 멈춰버린 지 오래다. 그래서 그들의 행렬들을 향해 "날아라 새들아 푸른 하늘로" 라고 마냥 외쳐댈 수만도 없게 되었다. 그리하여 여덟 살 난 소년은 아빠와 새엄마의 구타를 버티지 못하고 홀로 집에 남아 싸늘한 시체로 발견되었으며, 어머니의 꾸중을 견디다 못한 아들이 어머니를 살해하고 시체 옆에서 한 달 가까이 스타크래프트를 즐기고 있었으며, 재산분배를 위해 남매가 아버지를 살해할 계획을 세우다 발각되었다. 남편을 살해하고 보험금을 타낸 아내가 딸까지 사고에 가담시킨다. 절도죄로 법정에 선 소녀는 음주와 성매매로 몸은 만신창이가 되었는데, 소원이 무어냐고 판사가 묻자 "가족이 다 모여서 밥 한 끼 먹는 것"이라고 했다.

위기이다. 지금 우리에게는 '밥 한 끼'의 시간이 필요하다. 가정은 해체되어가고 있으며, 개인은 분리되어 있으며, 사회는 분할되어 있고, 정치는 분열되어 있다. 어느 시대를 막론하고 그때, 거기를 그리워하고 지금, 여기를 부정하는 것이 일반화된 세계인식의 한 속성이기는 하지만 자신이 속한 현재를 위기로 진단하는 일은 사치가 아니다. 이는 모든 이 땅의 의식 있는 사람들의 시민적 · 민중적 자각이요, 사회의식의 소산일 것이다. 현실에 대한 '부정적 사고능력'이야말로 앞으로 우리가 참여하지 않으면 안 될 미래에 대한 전망이다.

위기는 위기의식에 의해서만 극복된다. 지금 우리에게 중요한 것은 이 시대의 사회적 파탄과 정치적 파탄의 상호성을 인식하는 일이다. 한 소년의 행동양식의 붕괴는 그가 속한 사회구조의 반영이라는 인식은 중요하다. 한 개인의 행동양식은 그가 속한 사회의 구조적 등가물이라는 평범한 인식은 발전을 위한 원동력이다. 법에 복종하는 정치가 최상의 정치라는 평범한 논리가 통하는 사회야말로 지금 우리가 원하는 이상국가일 것이다. 대통령이나 국회의원들이 국민을 두려워하지 않은 것은 슬픈 일이지만 법을 두려워하지 않은 것은 참을 수 없다. 법에 의지하기보다는 사람에 의지하는 정치가나 기업인의 행태는 용서할 수 없다. 작은 벌레만 걸리고 큰 벌레는 거미줄마저 망가뜨려버리는 법망은 무용하다.

계절은 다음에 오는 계절에게 숙제를 남긴다. 봄은 여름에게 성숙을, 여름은 가을에게 결실을, 가을은 겨울에게 침묵과 예비를 명령한다. 오월은 그래서 사월이 넘겨준 숙제를 풀어야 하는 계절이다. 가라앉은 배는 끌어올려야 하고 버려진 양심은 되찾아야 하고 사라진 정의는 호출되어야 한다. 우리가 설정해 놓은 그 오월로 가는 길은 아직 멀고 험하지만 옛 시인이 노래한 촉도지난蜀道之難의 길만은 아니니다. 사람의 길은 하늘을 오르는 것처럼 지난하지만 우리가 가야만 할 길이다. (2015)

성묫길에서

천안 인근의 공원묘원에 나의 가족묘가 있다. 부모님과 먼저 죽은 아우가 거기에 먼저 가 있는데, 이번 한식에도 삼 형제가 모여 성묘에 다녀왔다. 양재동 지하철역에서 만나 차 한 대로 갈아타고 천안으로 향하는 성묫길은 늘 즐겁다. 오랜만에 만난 아우들과 그동안의 안부를 주고받고 아이들의 근황을 얘기하는 재미. 형제들은 그때마다 새로 태어난 손주 이야기, 병원 차린 조카의 이야기, 아직 자리가 없어 대학의 실험실에 포닥으로 머물고 있는 아들놈 이야기, 이제 두 돌 손주가 척척 알아맞히는 각종 자동차 이름들……. 이런저런 이야기에 차 안이 시끄럽다.

이번 성묫길은 그러나 분위기가 쉽게 깨지고 말았다. 그동안 귀 아프게 들어온 그 두 동강 난 군함이 끼어든 때문이었다. 이어지던 화제가 바닥나고 문득 차 안이 조용해지면서 잠깐 무료해진 순간이었다. 차 안의 정적을 깨려는 듯 운전대를 잡고 있던 셋째가 문득 백미러를 힐끗 쳐다보며 한마디 한 것이다. 문재인 씨의 천안함 기사를 보았느냐고, 그 사람 그동안 딴소리만 하다가 이제 와서 웬 철 지난 고백성사냐고 화두를 던졌다.

나는 그가 얘기하려는 게 무엇이지 직감했다. 집안의 대소사에 의견이 엇갈리거나 마주친 적이 거의 없는 아우였지만, 시국을 바라보는 각도는 늘 작지만 분명한 차이를 보이곤 했고 우리는 거기에 민감했다. 작년 추석 성묫길에만 해도 문득 세월호를 '교통사고'에 빗대는 바람에 내가 화를 냈고, 언성이 높아지자 막내가 중재에 나서 그것을 '뺑소니 사고'로 수정제의 하는 바람에 겨우 흥분을 가라앉힐 수 있었다.

"그 사람 생각이 바뀐 건가 전략이 바뀐 건가?"

나는 중얼거리듯 한마디 하고는 더 이상 대꾸하지 않았다.

"형님도 그렇게 바뀐 겁니까?"

아우가 갤럽 조사원처럼 물어왔다.

"바뀐 건 없다." 나는 짐짓 구십 노인처럼 대꾸했다. "그게 북한 잠수정의 소행이라는 발표가 있긴 있었지."

"못 믿으세요?"

"증거가 없지 않나."

"그럼 폭침이 아니라 좌초라는 겁니까?"

"그런 연구도 있구."

"믿으세요?"

"추론이야."

"그럼 음모설을 믿으시는 거예요?"

"그도 믿기 어렵지."

차 안의 공기가 서늘해지고 우리들의 말 이어가기 놀이는 계속되고 있었다. 그리고 그때 아우가 나지막하지만 단호한 음성으로 소리쳤다.

"형님은 그럼 어느 쪽이죠?"

"이건 선택의 문제가 아니지."

나는 소리쳤다. 백미러를 통해 나를 쳐다보고 있는 아우의 눈빛에는 장난기도 조롱기도 아닌 기운이 흘렀다.

차 안이 무거워지자 조수석의 막내가 헛웃음을 웃으며 고개를 돌려 나에게 웃어보였지만 정작 나는 웃을 수가 없었다.

"두 동강 난 군함 한 척 가지고 사상검증 하려 들지 말자. 이건 잣대를 가지고 몸무게를 달겠다는 형국이야. 의견논거와 사실논거가 뒤바뀌어버린 이 시대의 사고방식이 걱정이다."

"형님이 걱정됩니다."

아우가 대꾸했다. 조수석의 막내가 뒤쪽으로 고개를 돌려 나에게 불안한 시선을 보내왔다. 차가 묘원에 도착할 때까지 우리는 서로 아무 말도 하지 않았다. 봉분 앞에 엎드려 절을 올리는 내내 우리는 무언가 서로 다른 생각에 잠긴 듯했다. 나는 나대로 쓸쓸한 아우들의 뒷모습을 바라보며 슬픈 한 마리 짐승처럼 오래 서 있었다. (2015)

폭력의 이면

E. 헤밍웨이의 단편 『The Killers』는 『살인자』 혹은 『살인패들』이라는 제목으로 번역되어 있다. 이 짧은 소설은 암시나 상징의 건조한 문체 때문에 쉽게 읽히는 소설은 아니다. 어느 시골 간이식당에서 종업원으로 일하는 한 소년이 어느 날 침입해 온 장갑 낀 두 손님을 맞는다. 그들은 아마 복수를 위해 누군가를 찾아다니는 모양인데 그 갱들이 찾는 사람이 바로 자신과 함께 일하는 식당의 아저씨임을 알고 집으로 달려가 이 정보를 알려준다. 그러나 그는 벽면을 응시한 채 침대에 누워 있을 뿐이다. 계속 벽 쪽을 응시하고 무기력하게 누워 있는 아저씨를 뒤로 하고 소년은 마을을 떠나는 것으로 끝난다. 도주를 포기한 채, 벽만을 쳐다보고 있는 사내의 절망에서 세계에 존재하는 악의 실체를 처음 목격하는 소년의 이야기이다.

이 이야기는 세계에 엄존하는 광포한 폭력이나 악의 절대성을 얘기한 것이었지만, 폭력은 유전자적인 것이 아니라 사회적이라는 것, 그리고 그것은 또한 사회적인 것만큼 정치적이라는 데서 논쟁과 정쟁은 불가피해진다. 최근의 주한 미국대사 피습 사건의 파장은 국제관계로서의 한미관계보다는 국내의 정치적 이해관계에서 더욱 시끄러워졌다. 한국에 주둔하고 있는 외국의 고위 외교관리가 식탁에 앉은 채로 불의의 습격을 당한 상황은 납득할 수 없고 이해하기 어려운 사태였다.

손과 얼굴이 칼에 찔려 피를 흘리면서도 그 외교관은 자신이 처한 상황을 관리했다. 그는 걸어서 응급실로 향할 만큼 침착함과 냉정함을 잃지 않았으며, 자신의 트위터를 통해 자신의 안위를 알리며 "함께 가자"는 멘트를 보냄으로써 한국과 한국민에 대한 우호적 감정을 드러냈다. 우리들은 그의 의연함이 고마운 그만큼 민망해졌던 장면이었다. 외국 순방길에서 갓 돌아온 대통령을 필두로 정치권의 주요 인사들의 문병행렬이 이어지고, 마침내 환자의 안정을 위해 문병을 자제해 달라는 대사관 측의 요청에 이르러서는 사태를 바라보는 우리들의 민망함은 더욱 커졌다.

독도지킴이를 자처하고 일본대사를 공격한 적이 있으며, 북한을 몇 차례 방문한 이력이 있는 가해자는 한미 연합 군사훈련 반대를 외치면서 연행되는 장면에서 정치적인 의지가 분명해 보였다. 그가 추구하는 정치적 이념이나 방식이 무엇인지 짐작이 가능한 것이기는 하지만, 그가 보여준 이러한 극단적 행태는 평화주의도, 민족주의도, 국가주의도, 반제국주의 투쟁, 그 어느 것도 아니었다. 그것은 명백히 왜곡된 민족주의, 아니면 그 어디에도 미치지 못하는 한 소영웅주의자의 광기요, 폭력행위였다.

그는 결코 안중근이 아니었다.

우리 모두는 그의 광기어린 폭력에 경악했다. “종북 좌파들의 한미 동맹을 깨려는 시도”라는 정치 공세는 예상된 대로였으며, “이 사건을 정치적으로 악용하면 그것이 오히려 한미관계를 해치는 행위”라는 반박의 논리는 그만큼 초라해 보였다. 여당은 야당을 향해 ‘종북의 숙주’로 몰아세웠고 야당은 그게 만약 사실이라면 그런 숙주와 국정을 논하고 대화하는 당신네들의 정체는 무엇이냐고 맞받았다. 사건이 터질 때마다 반복되는 이 귀에 익은 호들갑과 맞대응, 그 설득력 없는 종북 좌파 언설의 죽은 비유 앞에서 우리는 또다시 절망할 수밖에 없다.

갱들의 습격을 피해 다른 도시로 떠나는 헤밍웨이의 소년은 결국 또 다른 폭력의 세계로 진입할 것이다. 그러나 그곳은 아주 구원 불가능한 세계만은 아니다. 폭력의 가장 아름다운 지점은 아마도 법률이나 도덕의 형태임을 그는 알게 될 것이기 때문이다. 법과 도덕은 자신의 억압성을 세련미와 엄숙미로 포장함으로써 비로소 가능한 세계이다. 비폭력은 사람으로서 할 수 있는 가장 완벽한 자기정화라는 간디의 잠언은 그러므로 폭력이 짐승의 법칙인 것처럼 비폭력은 인간의 법칙임을 가르쳐 준다.

종북과 친북은 유사어가 아니다. 이는 반미, 친미와는 다른 개념이다. 이 한심한 사이비 민족주의자의 극단의 폭력행태는 이 땅의 순결한 민족주의 혹은 진보세력에 찬물을 끼얹었고 폭력은 또 다른 폭력을 부를 수밖에 없다는 악순환에 불을 지폈다. 진정한 좌파와 진보가 필요한 지금 우리에게 명징한 비판의식과 그 표출방식은 더욱 중요해졌다. (2015)

분단의 사회의식

문학 속에 반영된 현실은 사실의 기록인 역사보다 더 재미있다. 요즘 탄생 100주년을 맞는 작가나 시인들을 기리는 행사도 열리고, 오늘의 한국 문학의 실상을 점검하는 한편으로 앞으로의 한국문학은 어떠해야 하는지를 놓고 세미나를 벌이는 등 각종 행사들이 이어지고 있다. 한국의 근대문학은 식민화되어가는 과정 속에서 문명개화라는 시대적 담론을 내걸고 시작되었다. 이 시기의 시인 작가들은 문인, 교육자, 언론인, 독립운동가로서의 1인 2역, 3역의 총체적 역할을 강요받거나 스스로 자임했다. 한국의 근대문학은 이렇듯 문학의 사회적 기능에 대한 믿음과 반발 속에서 다양하게 성장과 변화를 거듭해 왔는데, 근대문학 교실에서의 선생과 학생들은 이 대목에서 문득문득 깊은 시름과 비애에 빠지게 된다. 최남선과 이광수의 심미적 성과를 칭송하면서도 그들의 훼절과 친일을 안타까워하고, 한용운의 정신과 염상섭의 의식은 칭송된다. 개화가 먼저냐, 주권회복이 먼저냐, 이념이냐, 방법이냐 하는 문제들은 결국 작가의 현실인식이 식민지 상황에 어떻게 연계되어 있는가에 따라 온당한 평가의 여부가 된다.

광복 이후 6 · 25 전쟁을 겪은 후로부터는 당대의 문학작품에 대한 평가의 중심 기준은 달라진다. 그것은 우리에게 분단이란 무엇인가에 대한 인식과 다름없었다. 광복 이후의 사회적 혼란과 정치적 혼돈은 이 땅의 수많은 작가와 시인들에게 식민지 시대 못지않은 시련으로서의 문학적 소재를 제공했다. 남북의 이데올로기적 갈등을 그린 인물들이나 남녘사람이나 북녘사람들의 애환을 대비한 소설들, 전쟁 직후의 산속에 스며든 빨치산들의 이야기, 한 많은 월남 이산가족의 연대기, 소년의 아픈 전쟁체험들은 모두 전후의 우리들의 굴곡진 현대사를 형상화한 작품들이었다. 굴곡지지 않은 역사는 없다고 하지만 한국처럼 드라마틱한 근현대사는 없다고 이웃 일본의 어느 작가는 지적하고, 그러한 역사를 배경으로 활동하는 한국의 작가들이 "부럽다"고까지 했다. 그만큼 문학적 소재가 풍부하다는 뜻일 텐데 이는 병 주고 약 주는 덕담일 터이다.

오늘의 한국문학은 이제 산업화, 도시화, 민주화로 이어지는 사회변동 속에서의 다양한 모습들을 보여 주고 있다. 그러나 그 문제적 소재들을 어떻게 작품 속에 반영하고 굴절시킬 수 있을지가 궁금하다. 그리고 훗날의 평가는 어떠할지를 상상해보는 것은 우울한 일이다. 이른바 진보정당이 해체되고 대표의 의원직이 상실되어 구속된 것은 지난 연말이었고, 이른바 '종북' 콘서트로 각지를 순회하던 재미교포 여성이 당국으로부터 국가보

안법 위반으로 고발당해 강제 출국 당한 것은 한 달 전이었으며, 대북 삐라는 '표현의 자유' 라는 인권위원회의 평결은 바로 며칠 전이었다. 이 사건들이야말로 오늘의 한국사회의 초상이라 할 만하다. 외국 작가가 부러워했던 그 소재 충만의 한국 현대사의 드라마의 현장이다. 이 사태들은 그것들이 한국 현대사의 소재의 보고인가 아닌가 궁금하기에 앞서, 그 문학적 주제는 비극인지 희극인지 희비극인지를 예측하기가 어렵다.

문학은 현실에 대한 해석과 번역의 기록이다. 역사는 사실의 기록이고 문학은 그 의미의 기록이므로 문학과 역사의 상호성과 독자성은 함께 존중되고 보호되어야 한다. 한국의 근현대사는 식민과 분단 상황의 등가물이라는 인식이 중요한 만큼, 그것을 담아내는 서사나 비유의 기술 또한 중요하다. 식민적 상황과 분단 현실에 대한 전제나 고려 없는 어떠한 해석도 서술도 불완전한 것일 수밖에 없다. 문학이 당대 현실에 대한 인식을 전제로 해야 한다는 주장은 인문적 순혈주의자들에게는 다소 위험한 견해일 수 있지만, 우리들의 삶은 어차피 사회적인 만큼 정치적인 어떤 것과의 연루 속에 존재할 수밖에 없다는 세계인식은 중요하다.

한국의 근현대는 식민지배 35년에서 분단 70년으로 이어지고 있다. 최근의 일련의 정치적 사건들은 훗날 있었던 일보다는 있어야 할 일들로 남을 것이다. 그것들은 존재보다는 당위의 문제이다. 분단의식은 분리가 아닌 통합의 정신으로 이행되어야 하고, 그것은 불구적 상황에 대한 극복의지가 전제되지 않으면 안 된다.(2015)

잊힐 권리

인터넷을 뒤지면 지워졌으면 하는 게 몇 개 나온다. 하나는 오래 전에 돌아가신 어머님의 부음을 알리는 어느 신문의 한 줄짜리 기사, 다른 하나는 내가 어느 여성과 카페에 앉아있는 사진과 댓글, 또 다른 하나는 술에 취해 게슴츠레하게 웃고 있는 어느 모임에서의 사진이다.

처음 것은 돌아가신 지 십 년이 넘은 분의 부음인데다가, 상을 당한지 사흘 만에 어머니를 뒤따라 가버린 나의 아우를 떠올리기가 괴롭기 때문이다. 내가 어느 여성과 카페에 앉아있는 현장 사진은 재직하고 있던 대학의 지방 캠퍼스 학생의 블로그에 서였는데, 그 블로그에는 "서 아무개 교수 묘령의 여인과의 심야 현장" 이라는 기사에 멀리서 잡은 두 사람의 실루엣이 현장 사진으로 함께 실려 있었다. 카페의 실내조명이 어두운 데다가 실내의 구석자리도 그럴듯한 분위기를 연출하고 있었다. 그리고 이어지는 댓글들, "그 시간에 누구지?", "매주 정기적인 외박인데 현지처?" 생각해 보니 그 여성은 그날 모임에서의 미진한 논쟁을 위해 자리를 옮겨갔던 시인 Y 씨였다. 카페의 분위기로 보아 학생들의 댓글은 그럴싸해 보이기는 했지만, 정작 그 여류시인이 그걸 보았다면 어땠을까 싶었다. 인터넷 상의 나의 술에 취한 불쾌한 사진도 삭제하고 싶은 모습 중의 하나이다. 나의 정년을 기념해주는 학과 행사의 끝이었는데, 이 테이블 저 테이블을 돌며 주고받은 술이 조금 과했던 모양인지 술에 취해 일그러진 모습은 보기좋은 모양새가 아니었다. 그 사진 속의 풍경들은 학교를 떠나는 자와 떠나보내는 자와의 석별의 정 같은 분위기는 전혀 반영되어 있지 않은 하나의 질펀한 술판으로만 보였기 때문이다. 삭제해버리고 싶은 이 사진이나 기사들은 그러나 잊혀져야만 할 것들도 아니다. 그것들은 오히려 나의 감정의 저장소에 기록되어야 할 소중한 장면일 수도 있다. 문제는 그것이 SNS라는 관계망을 통하여 오해와 왜곡의 정보로 변질되어 있다는 점이다.

그러나 이 정도는 한가한 투정이다. 요즘의 인터넷 상에 떠돌아다니는 어떤 개인들의 과거의 기사나 동영상은 심각한 단계에 와 있다. 이 동영상이나 기사는 그와 관련된 사람들을 삽시간에 절망에 빠지게 하거나 현재의 삶을 파멸로 몰아갈 수 있는 재앙의 근원이 되고 있다. 한때의 열정이나 자만, 한때의 분노나 슬픔으로 문득 올려놓은 한 컷의 영상이나 기록물이 어떤 개인의 과거와 현재를 송두리째 집어삼켜 버리는 블랙홀로 돌변하는 것이다. 어떤 현재가 어떤 과거에 의해 부정되거나 훼손되면서 생기는 빅뱅 현상이 그것이다. 우리는 누구나 자신의 불쾌한 기억으로부터 떠나고 싶은 망각으로의 도망자이다. 불쾌함을 잊는다는 것은 현재의 삶을 지탱해주는 방어기제이기도 하다.

'잊힐 권리'는 영국의 빅토어 쉔베르거라는 인터넷 학자의 용어인데, 최근 영국이나 프랑스 등 유럽을 중심으로 이 권리가 인정되어야 한다는 평결이 나오고, 구글이나 페이스북 등 현대의 디지털 세계를 주름잡고 있는 미국 등지에서는 이에 대해 회의적인 반응을 보이고 있다. 이른바 빅 데이터 시대의 정보화에 역행하는 표현의 자유 혹은 기록 보존이라는 역사 · 사회적 기능을 간과한 것이라는 비판론이다.

개인이건 사회이건 모든 역사는 기록되어야 하지만, 개인적인 것과 집단적인 정보들은 가치에 따라 분류되고 제한하는 것이 현실적인 대처방안일 것이다. 과거는 기록되어야 하지만, 그것은 또한 선택된 것이지 않으면 안 된다. 빅 데이터가 담고 있는 기억력은 경이롭지만, 망각의 능력은 인간만이 가지고 있다는 인식은 중요하다. 공적인 기록은 보존되어야 하지만, 사적인 기록은 보호되어야 한다. 기억과 망각의 능력이 뒤바뀌어버린 디지털 세상에 사는 지금, 표현의 자유나 기록 보존에 대한 염원은 가끔 사치이다. 지워지지 않는 과거는 공포다. 이미지나 기록물이 편집되어 우리 앞에 나타나듯이, 우리들의 삶도 때로는 편집되지 않으면 안 될 때이다. (2014)

삐라의 추억

북녘 하늘을 향해 날려 보낸 삐라가 남북관계 개선에 장애가 되고 있다. 남과 북의 체제나 생활상을 비교하고 그 우열을 폭로 비방하는 내용의 이 삐라가 북측을 자극할 것은 물론이고 지배층의 당황과 주민들의 동요는 짐작할 만하다. 또한 삐라를 담은 풍선을 쏘아올린 사람들이 주로 북쪽 생활을 직접 체험한 탈북자들이 중심이 되어 있다는 점에서 그들의 행위를 비난만 하기도 어려운 점이 있다.

삐라는 나에게는 우선 섬뜩하고 불온한 단어이다. 삐라라는 음절에서 연상되는 것은 어지러운 한국 현대사의 능선을 넘어가는 낙엽더미, 피부각질로 닥지닥지 흩어지는 비듬 같은 것이다. 삐라의 이미지는 공포, 나에게 그 진원지는 유년의 전쟁체험일 수밖에 없다. 남쪽 끄트머리의 나의 고향은 당시 빨치산의 근거지와 맞닿아 있던 전국에서 가장 작은 면소재지 오지마을이었다. 밤에는 빨치산이 출몰했고 낮에는 군경이 드나들던 곳, 우리 집 너른 마당에는 늘 덕석이 깔렸고 그들은 낮과 밤을 번갈아가며 거기에 앉았다. 우리는 그들을 위해 밥을 지어 바치는 일 외에 집안의 쌀이나 미숫가루 등의 먹거리나 생활 기물들, 개나 소까지 그들에게 차출되는 것을 그대로 보고만 있을 수밖에 없었다. 조부는 혼자서, 그의 두 아들은 함께 어딘가로 피신한 후의 일이었다. 나의 부친과 백부가 산속으로 퇴각하는 '좌익' 들에 의해 같은 날 같은 장소에서 피살되었다는 소식이 마을에 전해졌던 때는 내가 여섯 살을 지나고 있던 해 가을이었다.

아들 둘을 함께 잃은 조부는 가족을 이끌고 인근 읍으로 이사했고 '전쟁 유자녀' 가 된 나의 유년시절은 거기에서 시작되었다. 전쟁의 끝물, 산속에 남아 있던 잔당들과의 싸움이 끊이지 않았던 어수선한 시절, 간밤에 콩 볶듯이 쏟아지던 총소리에 이불을 뒤집어쓰고 귀를 막고 엎드려 있다가 아침이 되면 나는 동네 아이들과 뒷산으로 몰려가 간밤의 총성의 주인공들이 남긴 탄피들을 주웠다. 그리고 무심히, 여기저기에 낙엽처럼 흩어져 있는 하얀 종이쪽지들을 보았다. 어른들은 그것을 줍거나 읽어보는 것을 두려워하는 것 같았다. 지금 생각하면 그것이 보림사나 지리산 쪽으로 스며든 빨치산들에게 보낸 것이었는지 그 빨치산들이 마을 사람들에게 보낸 것이었는지가 분명치 않다. 다만 손에 들고 다녀서는 안 될 것 같은 그 조야한 종이쪽지들이 나는 막연히 징그럽고 무서웠을 뿐이었다. 간밤의 전투에서 사살된 빨치산 두목의 시체가 읍사무소 앞 광장에 전시용으로 널브러져 있고 잔당들에게 고하는 삐라가 그 옆에 뭉테기로 흩어져 있을 때, 삐라를 주워든 읍내 사람들은 또 다른 공포와 전율 속으로 빠져들고 있었다.

삐라는 이처럼 뿌려지고 살포되는 어떤 공포였다. 테러와 음모로 이어지는 광복 직후의 혼란상을 그린 선우휘나 이병주의 소설들에 나오는 삐라들은 이념의 허구, 그 대립이나 갈등의 무의미함을 드러내고 인간주의로 환원하고자 하는 주제들을 담는 경우가 많았고, 그 아래 세대인 김승옥이나 윤흥길의 소설에서는 유년의 아이들이 삐라나 공비들의 출현을 보고 세상에 존재하는 악이나 폭력을 배워가는 성년의 의식쯤으로 묘사되는 경우가 많았다.

정전 60년, 정보화와 핵무기가 걱정인 시대에 아직 삐라에 대한 향수가 남아있는 것일까. 포대기 형태의 대형 풍선들이 바람의 방향을 기다리고 있는 TV의 장면은 낯설고 거북하다. 살포되거나 뿌려져야만 했던 종이쪽지, 정치적 프로파간다를 목적으로 하는 이 50년대식 찌라시들의 위력은 오늘의 우리사회에 어느 정도일까에 대해 의심해야 한다. 삐라가 날아오는 쪽을 향해 총을 쏘아대는 북측의 대응을 보면 그들을 자극하는 효과로서는 대단한 것임이 분명하지만 문제는 그 이후일 것이다. 삐라는 남북관계의 본질과 실리를 벗어난 원시적인 심리 전단이다. 비방은 대화의 전제가 못 된다. 우리에게 지금 중요한 것은 체제의 우열론이 아니라 그 상호성이다. (2014)

정치와 수사

오늘의 우리 사회는 직설법과 막말이 주류를 이루고 있다. 정부와 국회, 정당이나 시민단체, 개인과 개인 사이에서 언어는 일차적이고 말초적인 의미전달의 기능만을 수행하고 있는 듯하다. 여유와 변죽, 이른바 수사나 비유의 언어는 사라지고 직설과 과장, 강조와 반복의 언어들이 서로에게 설득을 강요하고 있는 형국이다.

수사적 표현은 설득을 권유한다. 그 언어는 두루뭉수리하거나 때로는 모호하지만 그 울림의 폭이 크고 여운이 있는 것은 비유가 다루고 있는 소재에서보다는 그것을 표현하는 언어의 용법 때문일 것이다. 비유적 언어는 무엇보다도 언어의 특이한 사용에 따라 다른 법조문이나 설명문과는 다른 맛과 멋을 내준다.

가령 문학의 언어가 우리에게 주는 맛과 멋은 당연히 그 비유적인 언어사용에서 온다. 작가나 시인들이 얼마나 적절한 직유나 은유, 상징이나 알레고리를 만들어낼 것인가에 고심하며, 한 줄의 메타포를 위해 시인은 평생을 고뇌한다든가, 하나의 상징을 만들어내기 위해 작가는 수많은 은유들과 싸운다는 속언은 이러한 문학작품에서의 비유의 중요성을 말해주는 것이기도 하다.

물론 정치 사회의 일상생활에서까지 비유적이거나 은유적인 표현을 선호할 수는 없다. 비유가 표면적으로 일단 모호하고 모순되는 표현방식이므로 오히려 의사전달에 중대한 방해요소가 되기도 한다. 특히 정치 경제 분야에서의 어떤 비유적 표현에는 때로는 얼마나 비현실적이고 비경제적이냐는 반문이 뒤따를 것이다.

그럼에도 불구하고 우리는 이러한 삭막한 상황을 극복하기 위해 언어의 수사적 표현은 피할 수 없는 덕목임을 인식해야 할 것이다. 삶의 부적절함과 현실의 질곡을 벗어나기 위한 통로이자 초월의 수단으로 우리는 말의 정치에 가담하지 않을 수 없다. 말의 일방통행과 의미의 단순성을 피해 수많은 유머와 위트와 역설과 아이러니를 창조해 사람들을 설득하고 압박하고 즐겁게 했던 수많은 정치가, 지식인, 대중과 민중들을 우리는 기억한다.

어떤 정치가의 유머는 진정한 리더십의 자격이었으며 어떤 지식인의 풍자와 아이러니는 일반 대중에게 온당한 시민적 자질과 현실인식에 대한 태도의 변화를 제시해 주었다. 민중들의 해학과 풍자, 직언과 반어들은 현실의 억압과 절망으로부터 탈피하려는 자기구제의 몸짓이었다.

오늘의 한국사회는 유머가 없고 풍자가 없고 비유가 없다.

불모의 정치풍토와 문화적 충돌은 우리들의 정서를 직설과 과장과 막말의 세계로 몰아가고 있다. 지난 선거에서 보여준 각 후보들 간의 대립과 충돌은 서로간의 이념의 차이보다는 이해의 차이에 기인한 것들이 대부분이었다. 그들은 상대후보의 정책이나 인간적 정서에 대해 스스로의 감정을 제어하지 못한 채 직설의 언어로써 상대방에 대한 자신의 여유나 자신감을 감추지 못했다. 당신을 떨어트리기 위해 출마했노라는 야당 후보의 막말은 상대를 당선시키기 위한 언어폭력의 현장이었다. 죽은 비유와 관용구로 가득 찬 대통령의 언어는 그녀가 참석하는 행사장의 크기만큼이나 썰렁하기만 하다. 의원님들 많이 오셨는데 입씨름 그만 하시고 실제 씨름으로 국회의원님들 몇 분이 겨뤄서 문제를 해결하면 어떨까 라고, 모처럼 구사한 씨름협회장의 조크에 발끈해서 싸늘한 축사를 남기고 조기 퇴장한 여당 대표의 유머감각은 낙제였고, 북으로 날려 보낸 삐라는 말릴 수 없는 '표현의 자유' 에 해당한다는 당국자의 해명은 말장난의 극치였다.

정치가 수사여서는 안 되지만 수사 없는 정치도 삭막하다. 우리는 지금 직설과 막말 정치의 가해자이며 피해자이다. 비유나 수사는 다만 언어의 기술이 아니라 인간과 사물과의 정황을 에두르는 데서 오는 심미적 효과이다. 유머나 비유의 정신은 현실과의 거리두기, 초월과 여유의 정신이다. 문학에서가 아니라 일상의 어디에서도 표현적이지 않은 언어는 가짜다. (2014)

슬픔의 용량

세월호 특별법 제정을 요구하는 유족들의 단식시위가 벌어지고 있는 광화문광장에 한 떼의 또 다른 시위대가 끼어들었다. 세월호 특별법에 반대하는 사람들의 이른바 폭식시위였다. 단식을 하고 있는 유가족들과 그들에 동참하는 단식시민들의 현장 옆에서 일군의 또 다른 시민들이 손에 치킨이나 피자를 들고 그것을 먹어 보이는 장면을 연출해 세월호법 단식을 조롱하는 유희를 펼쳐 보인 것이다.

나는 그 기사를 읽고 또 읽었다. 글자가 안 보여서가 아니라 믿기지가 않아서였다. 혹시나 하고 인터넷 사이트를 뒤져보니 그것은 사실이었고, 거기에는 사업가를 자처하는 50대의 한 시민이 피자 100판을 주문, 이를 현장에 배달시켜 폭식을 독려하고 있는 동영상도 보였다. 그는 대중들에게 말했다. 여러분들이 지금 대한민국의 중심에 있다. 광화문을 시민에게 돌려주자. 여러분이란 폭식행사에 참가한 청년 커뮤니티와 일부 대학생들이었다.

이건 아니다 라고 절망하는 한편으로 나는 무엇이 저들로 하여금 저러한 패륜 속에 빠지게 하였는지, 내가 저들과 공감하지 못하고 있는 것은 무엇인지를 자문해 보았다. 그것은 또한 우리는 무엇에 공감하는가, 할 수 있는가를 되물어야 할 시간이기도 했다.

우리는 지금 세월호의 처방전을 놓고 극단적인 대립의 자리에 서 있다. 그것은 결국 정치적 견해나 이해의 차이에서 오는 것이 분명해 보이지만 보다 중요한 문제는 슬픔에 무뎌져버린 우리의 공감의 기능일 것이다. 참사가 터진 지 4개월은 슬퍼할 시간으로는 충분했지만 그것을 견뎌낼 시간으로는 너무 길었던 것일까. 우리들의 슬픔의 배터리는 벌써 닳아버린 것인가. 슬픔은 이제 품절인가. 정치권에서는 이것을 국민적 피로감이라는 언술로 결론짓고, 이제는 민생을 살펴야 할 때라고 단락을 바꾸고 있다. 피로감의 실체가 무엇인지, 민생의 주체는 누구인지가 설득과 협박의 언어로 둔갑하고 있다.

광화문의 폭식시위는 그러므로 이러한 정치적 기획과 언어적 유희가 결합하여 나타난 정치 희롱이었다. 그 조롱극에 참가한 사람들의 대부분이 이 땅의 젊은이들이었다는 사실이 더욱 놀랍다. 그들을 그렇게 살도록 요구한 더 큰 세력, 이른바 우리 사회의 풍토와 인간의 상호성을 생각하게 해 주는 사례였다.

그것은 바로 아픔 없는 사회이다. 생명의 가치가 무너지고 자본으로 가는 길을 일본의 어느 철학자는 무통문명의 사회라 하였다. 고통과 아픔이 없는 사회는 우리가 꿈꾸어 온 이상이었지만 그것을 추구하는 과정에서 우리가 필연적으로 만날 수밖에 없는 것이 바로 비인간화이다. 그리하여 우리는 '병든 사회' 에 속해 있기 이전에 '무통 사회' 라는 병리현상 속에 살고 있는 것이다.

현대사회의 적막감이란 무엇보다도 아픔이나 슬픔이 전이되지 못하는 절연체로서의 개인들의 삶에서 온다. 세월호는 유보되거나 연기되어서는 안 된다. 세월호의 슬픔과 분노는 공감과 공유만이 치유의 길이다. 할당된 슬픔은 가짜다. 지금 우리는 작아져만 가는 우리들의 슬픔의 용량을 슬퍼할 때이다.(2014)

싱크홀

땅은 꺼지지 않고 하늘은 무너지지 않는다는 믿음이 깨졌다. 최근 잠실 석촌의 지하차도에서 땅이 내려앉아 구덩이가 패였고 잇달아 빈 구덩이 공간이 발견되면서 사람들이 혼비백산하고 있다. 지름 2.5m, 깊이 10m의 빈 구덩이가 발견된 지 며칠 만에 길이 13m, 깊이 2.3m 규모의 빈 구덩이가 추가로 발견되면서 시민들을 긴장시키다가 18일에는 무려 80m나 되는 동공을 포함한 대형 동굴이 추가로 여섯 개가 발견되었다. 동네 길이 갑자기 낯설고 무서워진 시민들은 언제 땅이 꺼질지 모르는 불안에 떨고 있다. 서울시에서는 석촌 호수 인근에 건설 중인 롯데월드 신축 건물과의 직접적인 관련성은 없어 보이며, 지하철 9호선 터널공사가 이들 빈 구덩이의 원인으로 추정된다고 발표하였다.

시민단체는 그러나 이 현상들이 지하철 9호선 공사가 원인이라고만 단정할 수 없다고 주장하고 있으며, 석촌동 지하차도에는 과거 균열 보수공사가 진행된 흔적과 주변 도로 곳곳에 아스팔트가 내려앉은 부위를 땜질한 흔적이 그대로 남아 있다며 이는 상당기간에 걸쳐 이상 징후들이 연이어 나타났음을 보인 것이라 했다. 서울시는 이 빈 구멍들은 굴을 뚫는 공사과정에서 연약 지반을 건드리고도 지반의 틈새를 메우지 않아 도로가 내려앉으면서 생긴 것이라고 발표하였지만, 신축 중인 초대형 롯데월드가 원인으로 밝혀진다면 주변 1~2km 모두 지반 정밀검사를 해야 할 판이다. 삼 년 전에 83톤에 불과하던 하루 평균 지하수 유출량이 올 들어 450톤까지 늘어난 점을 감안하면, 지하수 유출로 인해 석촌호수 수위가 낮아지고 주변 지역의 지반이 침하하는 사태는 충분히 예측할 수 있는 일이다.

제2롯데월드는 123층, 555m 높이의 국내 최고층 건물이다. 그룹 회장의 오랜 숙원사업으로 알려진 이 30여 년에 걸친 장기 프로젝트는 그동안 대통령이 네 번이나 바뀌는 동안에도 인허가가 나지 않았다고 한다. 교통, 환경, 국방의 문제에 저촉된 때문이었다. 서울 최고의 명물을 만들겠다는 그룹 회장의 의지는 많은 구설과 비난, 반대에도 불구하고 마침내 토목공사에 대해 지대한 관심과 야망을 가진 새 대통령이 들어서면서 정부 승인을 얻게 되었다. 비판과 우려를 동시에 안고 시작한 이 대형공사는 완공시점을 2년 앞두고 지금은 완공된 저층부의 일부 개관을 서두르고 있다.

그러나 롯데월드 주변에서 잇달아 발견되는 이 공동들은 지금 이 거대한 도시의 풍문으로 혹은 괴담으로까지 변하여 우리에게 공포로 엄습해 오고 있다. 토목 쪽에서는 이러한 가라앉아

생긴 구멍을 'sink hole' 이라 한다는데, 이는 차라리 'think hole' 로 들린다. 지반 침하 현상은 지구의 어느 곳에서나 일어날 수 있는 현상 중의 하나라고는 하지만 지금, 여기에서, 이처럼 발생하고 있는 현상은 참으로 시의적이다. 지하의 어느 통제소에서 지상으로 보내오는 모르스 부호, 이른바 지하수의 네트워크를 방해했을 때 생기는 이 싱크홀이야말로 자연과 문명, 환경과 인간의 불화가 만들어 낸 재앙이 아닐 수 없다. 지금 수도 서울에 떠도는 풍문과 싱크홀 괴담은 이 도시가 우리에게 들려주고 있는 하나의 우화이다. 이 도시의 알레고리는 자연이 문명에게 전해주는 메시지이지만 당연하게도 그 이야기의 생산자는 바로 우리들 자신이다.

자연은 문명을 깨우친다. 그것은 질서와 법칙에 의해 운행되는 자신의 문법에 의해서였다. 자연은 일시적으로 문명에게 정복당하지만 문명의 만용은 언제나 용서하지 않았다. 자연은 순종하는 자에게만 지배당한다는 역설은 중요하다. 이 거대한 도시, 마천루의 지반에 문득문득 출몰하는 크고 작은 빈 구멍들은 자연이 문명에게 주는 작은 신호일 것이다. 크고 많고 넓고 높은 것만을 좇아온 우리들의 자본과 욕망과 허영에게 내미는 경고일 것이다. 삼풍도, 씨 랜드도, 성수대교도, 대구 지하철도, 세월호도 모두 부실이라는 이름의 함몰된 우리들의 정신의 싱크홀에 다름없다. 그러므로 싱크홀은 이미 지리학이 아니다. 그것은 지금 우리에게 정신의 사회학이지 않으면 안 된다.(2014)

룰 없는 경기

축구의 유래가 그리스 때부터라는 설도 있고, 덴마크의 폭정에 시달리던 영국인들이 덴마크 병사들의 두개골을 차며 승전을 축하하면서부터였다는 얘기도 있고, 우리의 경우 삼국시대에 이와 유사한 공차기 놀이가 있었다고도 하지만, 이제는 시대와 국가를 초월해서 그 유래만큼이나 긴 역사로 세계인들이 열광하는 스포츠가 되었다. 축구도 다른 어떤 경기와 마찬가지로 우리들의 삶의 지략과 인내와 투지와 민첩성이 드리블과 패스와 트래핑과 슈팅이라는 이름의 기술로 이어진다. 그것은 모두 책임과 협동과 헌신의 정신에 의해서만 가능하다. 돼지 오줌보에 바람을 넣어 차고 다니던 어릴 적 추억은 장년 이상의 한국인 모두에게 즐거운 추억으로 기억되는 인기종목이기도 하다.

요즘 월드컵 축구를 보는 일이 즐겁고 괴롭다. 그 즐거움이란 축구 자체의 게임 내용 때문이며, 그 괴로움이란 축구판의 즐거움의 반에 반도 못 미치는 규칙이 없는 정치판의 게임 내용 때문이다. 아직 잠이 덜 깬 눈으로 일어나 각국 대표선수들의 현란한 기술과 투지를 구경하는 첫새벽 TV 시청 시간은 즐겁다. 한국 축구가 16강에도 올라가지 못했다고 사람들은 아쉬워하지만 그것은 우리가 이미 4강을 해 보았기 때문이지 16강이나 4강이나 어렵기는 마찬가지다. 세계 축구도 이젠 평준화되어가는 추세이며 최고 기량을 자랑하는 남미나 유럽의 축구강국들이 줄줄이 탈락하는 것을 보면, 대굴대굴 굴러다니는 축구공의 행방을 누구도 맘대로 장담할 수 없는 일이고, 그 빗나가는 예측 또한 축구의 재미를 더해 준다.

축구의 매력은 그 경기 방식보다는 경기 규칙의 운용에 있다고 할 정도로 그 규칙들은 정교하게 짜여 있다. 이번 월드컵에서도 이 규칙 때문에 많은 희비가 엇갈렸다. 공을 차는 척 하면서 슬그머니 상대의 발을 찍어 밟았던 선수에게 심판은 지체 없이 옐로우 카드를 꺼내든다. 그리고는 이어서 그 카드를 레드 카드로 바꾸자 장내는 환호와 야유로 들썩인다. 경고가 겹쳐 퇴장 당하는 선수의 고개 숙인 모습이 TV 화면에 클로즈업 되고 이내 게임은 속개된다. 잠깐동안의 소란스러움은 이내 관중들의 함성과 선수들의 볼 뺏기로 이어지고 선수들은 공을 따라 흩어지고 모여든다. 경기장의 아름다운 모습이다.

연속 골로 팀의 연승을 이끌어가던 한 선수는 이미 세계적인 스타로 떠올랐고 그는 이미 천문학적 액수의 프로구단으로의 이적이 예고되어 있었다. 그리고 그가 마침내 공을 뺏기보다는 상대선수의 어깨를 물어뜯었을 때, 열광하던 관중은 깊은 혼란에 빠졌다. 그 선수는 야수의 이빨로 상대 선수를 물어뜯음으로써 자신이 축구선수가 아니라 한 마리의 짐승임을 입증했다. 그 선수는 장기간의 출전의 기회를 박탈당했다. 그러나 그의 퇴출 결정 또한 규칙의 아름다움에 다름없었다.

TV 화면에 비친 청문회 뉴스는 그러나 축구 중계를 볼 때와는 확연히 다르게 우리의 더위를 부채질한다. 정치적 언어와 신앙의 언어를 구분하지도 못했던 한 총리 후보의 언어 감각, 폭동과 저항을 구분하지도 못했던 그의 역사인식은 마침내 낙마했지만 그를 천거한 비서실장은 그대로 승마 중이다. 감독은 그를 다른 선수로 교체하지도 않았으며 관중의 야유와 함성도 무시했다. 문지기는 벌써 세 번째의 골을 선 채로 허용한 상태다.

거대한 재난에 무대책으로 일관했던 총리가 사표를 낸 지 한 달 만에 다시 총리로 기용되었다. 기량부족으로 이미 불러들였던 퇴진 선수의 등번호를 바꿔 달아 내보낸 것이다. 감독의 수첩에는 더 이상 기용할 만한 선수의 이름이 없기 때문이다. 불법 대선자금의 운반책으로 자신의 이름이 '차떼기'로 개명된 인사가 국정원장으로 임명된다. 옐로우 카드를 이미 받은 선수이므로 그의 퇴장은 불을 보듯 뻔한데도 그를 다시 내보내는 것은 감독의 수첩에는 더 이상 기용하고 싶은 다른 선수의 이름이 없기 때문이다. 제자의 논문을 베끼거나 칼럼을 대필시켜 자신의 저작물로 제출한 교수가 교육 분야의 총수로 초빙되고, 군 복무 중 해외 유학 의혹을 받거나 다운계약서와 세금 체납, 주택지의 농지법 위반 논란에 휩싸인 사람이 한국의 미래를 창조하는 분야의 수장으로 임명된다. 감독의 수첩에는 다른 마땅한 이름이 없기 때문이다.

스포츠와는 너무나 다르고 낯선 정치판 게임. 경고누적 자질 부족 선수를 배번만 바꾸어 선발 출전시키고 있는 감독의 무능이 경기를 망치고 있다. 이제는 감독이 바뀌지 않으면 안 될 때이다. 감독 경질은 당연히 구단주인 국민의 몫이다.(2014)

도망자

세월호 실소유주이자 천억 원대 횡령 및 배임과 조세포탈 혐의를 받고 있는 도망자 유병언 전 세모그룹 회장이 정치적 망명을 시도한 사실이 보도되었다. 망명을 타진한 조력자로 오 모 씨가 거론되고 있다. 망명이 보호받아야 할 정치적 이념이나 종교적 신념을 위한 것이라 할 때, 자신의 도망을 망명으로 업그레이드하려는 그의 이러한 시도는 놀랍다. 검거에 현상금이 걸리고 검경이 뒤를 쫓고 있으나 아직 잡히지 않고 있다. 안 잡는 것인지 못 잡는 것인지 추측이 무성한데, 이는 그동안 중요한 사건의 전모나 전말이 발표될 때마다 시기를 조율하거나 상황에 따라 변경되곤 했던 당국의 행태들에서 비롯된 억측일 것이다. 선체가 물 밖으로 드러나 있는데도 단 한명의 인명도 구해내지 못했던 해경의 실력을 감안하면 경찰은 안 잡는 것이 아니라 못 잡는 것이 분명해 보인다.

로널드 토비아스라는 연극학자가 쓴 『인간의 마음을 사로잡는 스무 가지 플롯』은 문학교실에서 창작실기 시간에 구성의 효과적인 방법을 예시하는 데 종종 소개되는 책이다. 여기에는 인간의 모험과 추적, 구출과 탈출, 유혹과 변신, 사랑과 금지, 행위의 상승과 몰락 등 인간행위의 스무 가지의 매력적인 구성 요소들을 잘 사용할 것을 권하고 있다. 이 책에서는 독자의 호기심과 상상력을 자극하는 플롯의 흔한 형식으로 도망자와 추적자의 구도를 설정한다. 도망자는 사라지고 외롭게 술래가 되어 그를 찾아내야 하는 고독한 게임, 꼭꼭 숨어서 머리카락도 안 보이려고 숨을 죽이던 게임은 인간의 원초적 놀이본능이기도 한데, 이 쫓고 쫓기는 추격 모티프야말로 탐색적 서사에서의 단골메뉴이기도 하다. 이 추격의 플롯의 구조는 단순하다. 추격자 혹은 도망자, 선인과 악인이 먼저 정해진다. 선한 사람이 악인을 쫓는 것이 보통이지만 현대의 서사물로 내려올수록 그 반대의 경우가 많아진다. 아예 추격 자체만을 다루거나 도망자가 잡히려는 순간 다시 도망치기도 하는 사건이 반복, 지속적으로 이어진다. 여기에서 사건이 뒤엉키고 전환과 반전이 일어난다. 전형적이고 상투적이지만 관람자의 관심은 사건의 추이에 따라 함께 움직이게 된다.

영화 〈도망자〉는 탈주범을 추격하는 이야기이다. 주인공은 괴한에게 아내가 위기에 처하자 그녀를 구하기 위해 싸우다가 외려 아내를 죽였다는 누명을 쓰게 된다. 그는 감옥으로 끌려가다가 우연히 도망의 기회가 주어지는데, 그 과정은 추격자 모티프의 고전적 구성법을 따른다. 막판에 자신의 누명을 벗기는 하지만, 이 추격담은 쫓기는 피의자가 자신의 무죄를 주장하는 처절한 노력 끝에 자신은 아내를 죽이지 않았노라고 절규하는 장면에서 하나의 의미있는 반전을 보여준다. 추격자가 도망자에게 나는 다만 추적했을 뿐 당신의 유무죄와는 상관없는 일이었다고 말하는 대목이 그것이다. 여기에서 드라마는 인생에서의 도망과 추격의 대립성과 무위성, 진실과 허위의 경계에 대한 새로운 해석적 관점을 요구하기도 하는 수준급의 탈주범 얘기이다. 홍판서의 아들 길동은 지체 낮은 천비의 소생으로 태어나 개인적 불만과 사회적 울분으로 가득찬 아이로 성장한다. 총명하고 지혜로운데다 구름을 모아 비를 내리는 재주나 신출귀몰하는 둔갑술까지 익혀 조선사회의 신분제도나 적서차별, 특히 탐관오리의 횡포에 저항하는 의적떼의 괴수가 된다. 그는 토호의 재물을 약탈하여 양민을 돕고 이상국가 건설의 꿈을 꾼다. 그 역시 쫓기는 피의자였지만 한편으로는 완고한 조선사회의 피해자였다는 점에서 영화 〈도망자〉의 경우에서처럼 인물과 행위의 의미있는 결합을 보여준다.

요즘 매일 우리가 듣고 보고 있는 유병언의 추격담은 이처럼 흥미유발의 기본구조는 일단 갖추었지만 그것은 이미 허탈과 분노의 텍스트가 된 지 오래다. 거기에는 도망자의 진실이나 분노가 편입되어 있지 않기 때문이다. 추종자들은 그의 도망길을 종교 자유와 정치 탄압으로 호도하고 있지만 이는 사실이 아니다. 영화 속 탈주범에게는 살인자의 누명이 씌워지고 의적떼의 괴수에게는 재물 탈취의 죄목이 씌워졌지만, 그들은 동시에 피해자이기도 했다. 유병언 추격담은 지금 실시간으로 생중계되면서 온 나라를 떠들썩하게 하고 있지만 이 추적과 도망의 플롯은 관람자로 하여금 심미적 분노와 허탈만을 안겨주고 있다. 거기에는 피의자이면서 피해자였던 선한 도망자들의 신화나 고통이 없다. 또한 신앙의 자유나 진실의 추적자로서의 분노와 절규 그 어느 하나도 담고 있지 못하다. 이러한 도망극의 저급성은 오늘의 우리 사회의 치졸성의 한 단면이기도 하다. 그가 떠난 자리에는 다만 한 사람의 범죄자, 피의자로서의 욕망과 허위의 지문만 빈 깡통으로 나뒹굴 뿐이다. 이제 그는 어떤 집단의 지도자가 아니다. 그에게는 도망자의 자격이 없다.(2014)

망각의 배

여객선 세월호의 침몰은 우리에게 절망과 비탄으로 다가온 재앙이었다. 바다의 항해자를 삼키는 광포한 해신 포세이돈처럼 그것은 우리의 현재를 통째로 집어삼켰다.

배가 바다 속으로 가라앉기까지의 과정은 우리에게 절망과 비탄의 끝을 보여주었으며 기울어진 배가 조금씩 수면 아래로 가라앉는 TV 생중계는 원시와 문명, 숭고와 장엄, 자본과 욕망, 탐욕과 협잡 등 인간 존재의 본질과 한계에 대한 실황이었다. 그 배의 침몰은 오늘날 우리 사회의 부실의 총체이자 자화상, 하나의 은유이자 알레고리였다.

구조요청을 받은 헬기가 뜨고 인근의 어선들이 모여들기 시작하고 점차 기울기 시작하는 선박의 난간 위에서 승객들이 뛰어내리거나 구조선으로 인도되고 있을 때만 해도 사람들은 전

원구조의 희망을 놓지 않았다. 더 많은 승객들이 갑판 위로 나오기를 기다리며 발을 동동 구르고 있는 동안 내복 바람의 사내가 모습을 드러냈다. 구조대의 부축을 받으며 서둘러 구조선으로 인도되었던 그의 신분이 선장으로 밝혀졌을 때 사람들은 경악했고, 물리치료실에 앉아 물에 젖은 지갑 속의 지폐를 펴서 말리는 장면은 이 재앙의 한 정점을 보여준 것이었다. 같은 시간대에 격실 속 학생들은 구명조끼를 맨 채 "움직이지 말라"는 선내 방송을 들으며 다음 지시를 기다리고 있었다는 사실이 나중에 알려지면서 우리들의 탄식은 시작되었다. 배의 기울기가 90도가 될 때까지 벽을 바닥 삼아 이리저리 몰리던 학생들의 동태도 동영상으로 알려졌다. "정말 가라앉는 거야?", "우리는 죽는거야?", "아니야 기다려봐, 엄마 아빠, 어떡하지?" 공포와 두려움을 이기지 못해 내뱉는 아이들의 농담과 탄식과 비명이 그대로 전해지고 이내 동영상이 끊기자 사람들은 오열했다.

그 배의 침몰은 우리들의 욕망과 자본 구조물의 침몰이었다. 그 와중에 사고 수습의 한 축을 담당해 온 민간 잠수부들 일부가 철수를 선언했는데, 이들은 그 이유로 해군과 해양경찰과의 비협조를 꼽았고 이어서 해양경찰청과 세월호 구난 업체와의 유착 의혹이 불거졌다. 그러는 한편으로 선박회사의 물류팀장이 사고 소식을 접한 이후 화물량을 축소해 컴퓨터에 입력했다는 진술이 알려졌다. 또한 과적 상태에서의 급회전이 분석되고 있는 가운데 당국의 위임을 받은 선급회사가 배의 개조를 조건부로 승인하고도 사후관리는 제대로 하지 않았음도 드러났다. 이는 중대한 범죄이자 과오였으며 선박의 침몰 직후부터 초기 수사를 지휘했던 해양경찰청 정보수사국장과 선박회사 회장과 밀착된 관계 또한 배의 침몰을 예고해 주는 단서이기도 했다.

그 배의 침몰은 또한 우리들의 책임과 윤리의 실종이었다. 배가 기울었을 때 먼저 도망나온 그 선장은 우리로 하여금 분노와 슬픔을 어떻게 구분해야 할 것인지 혼란에 빠트렸다. 승객과 최후를 함께 한 타이타닉호의 선장을 떠올리는 것은 그에게 무리한 요구일지도 모른다. 그에게는 선장으로서의 급여와 권한이 주어지지 않은 것도 문제이다. 너와 나를 우리로 묶어내지 못하는 대통령을 놔두고 각료와 선원들에게만 책임을 묻는 것도 무리일지도 모른다. 현장에 달려온 각료들은 단 한명의 생존자도 찾아내지 못한 무능과 죄책감에 죄인처럼 서 있는 것 말고는 다른 아무것도 보여주지 못했다. 구조작업의 혼선과 혼란, 구조 주체들과의 불협화음, 비난과 해명이 난무하는 구조 현장을 그들은 장악하지 못했다. 우리는 모두 대한민국의 비정규직 국민일 뿐이었다.

삼풍도, 씨 랜드도, 성수대교도, 대구 지하철도, 대구 가스도 우리는 모두 잊었다. 20년 가까이 운행하던 오래된 중고 여객선을 사들여 객실과 화물칸을 뜯어고치고 개조한 이 거대 여객선의 구조는 그대로 복원력 잃은 오늘의 우리 사회의 모습이다. "당신이 대통령이어서는 안 되는 이유"라는 언사가 모욕이 아닌 이유가 무엇인지를 우리는 다시 묻는다. 그리고 그것은 지금 우리 모두에게 되묻는 질문이지 않으면 안 된다. 세월호는 실패에서 배우지 못하는 사람들이 함께 만든 또 하나의 망각의 배였다.(2014)

절필

신문을 보다가 문득 낯익은 이름을 발견하였다. 작년인지 재작년인지의 중간쯤에 절필을 선언했던 사람의 신간 기사였다. 그 에세이집과 소설은 작가가 이전에 출판했던 것들을 다시 수정 개정한 것이라 했다. 수정 개정도 집필이므로 그가 문필활동을 다시 시작한 모양이라고 나는 생각했다. 글쓰기의 무력감에 빠진데다가 도대체 글이 현실을 개혁하는데 무슨 힘이 있더냐고 자괴하면서 어떤 저명 평론가도 국가기관의 말단 행정 직원만큼에도 힘을 미치지 못하는 현실을 개탄했었다. 붓을 꺾기에는 아직 젊은 그가 다른 절필 사유가 또 있었는지도 궁금했던 터라 새로 나온 두 권의 책이 반갑기도 했지만 반사적으로 그럴 거면 왜 하고 나는 실소했다.

그 기사를 보면서 나는 문득 오래전의 한 소설가의 절필 선언을 떠올렸다. 당시 인기 작가였던 그의 연재중단 선언은 대단했다. 그때는 문단이 조금 술렁거리기도 했었는데, 아마 그것은 그 작가와의 인터뷰 기사가 신문의 한 페이지를 모두 차지했던 때문이었을 것이다. 대낮 어두운 카페에 기자와 마주 앉은 그는 절망과 고뇌에 찬 모습이었다. 심혈관이 터지도록 글을 썼다는 그는 오랜 글쓰기의 경험으로 독자를 교묘하게 속이곤 했다고 고백하고 자조했다. 대문짝만한 그 기사를 보면서 나 또한 절망했다. 그의 작가적 고뇌에 공감하는 이상으로 나는 심한 열등감에 빠지고 말았다. 같은 시기에 등단하였으나 맹렬하게 작품을 써내 명성을 올리는 그에 비해 창작은 뒷전으로 한 채 주로 강의에 매달려 있었던 자신의 모습이 초라해진 것이다. 작품 못써 고민하고 있는 사람에게 이제는 그만 쓰겠노라고 선언하는 그는 호방해 보였으며 그것을 바라보고 있는 나는 의기소침했다. 그리고 1년이 못 되어 그는 다른 신문에 연재를 시작했다. 그의 작가적 고뇌가 그렇게 빨리 풀린 것은 다행스러운 일이었지만 그럴 거면 왜, 나는 그때는 열등감이 아니라 홧김에 소리쳤다.

지난 대선 때에는 인기 있던 한 시인이 현실을 타개할 아무런 힘도 없는 시는 이제 그만 쓰겠다고, 다만 바라보기만 하겠노라고 절필 선언해서 화제가 되었다. 불의가 횡행하는 박근혜 대통령의 나라에서는 더 이상 시를 쓰지 않겠다고 선언한 것이다. 그런데 이번에는 절필의 내용이 달랐다. 다른 글은 쓰되 시쓰기는 중단하겠다는 것이었다. 아무리 다원화 · 세분화된 사회라도 신념을 장르별, 부위별로 나누는 것이 이상했다. 그는 차라리 자신의 주종목인 시를 통하여 시대의 절망과 싸우겠다고 선언했어야 했다. 그가 지금 써내고 있는 산문과 쓰지 않고 있는 운문은 표현의 도구로나 내용의 그릇으로 어떤 차이가 있는 것인지, 신문에 난 그의 칼럼을 보면서 나는 또 그럴 거면 왜, 라고 비감에 젖을 수밖에 없었다.

식민지시대의 많은 문인 학자들이 시대의 억압과 굴종 사이에서 친일하거나 절필했고, 광복 이후의 독재와 군부탄압에는 저항으로서의 절필이 이어졌다. 산업화시대에 이르러서는 시대와의 불화가 주체적 개인으로서의 절필로 전이되었다. 문학상 수상을 거부하거나 과거에 출판되었던 자신의 저서에 대해 절판을 선언하거나 심지어 자신의 작품을 불태우는 행위들은 문인 예술가들이 항용 선택하는 자기정화와 결단의 방식들이었다. 분신이 한 개인의 신념이나 가치의 실현이 불가능한 상황에서의 극단적인 자기소멸의 방식이듯, 절필 또한 문인 학자 개인의 역설적 자기표현이다.

절필은 문인 학자 스스로가 자기표현을 거부하거나 포기한 것이므로 그것이 신념의 소산이 아니라 감정의 산물일 때 이처럼 실소와 당혹과 비애를 불러올 수밖에 없다. 사람들은 절필을 선언하고 불출마를 선언하고 전향을 선언하고 은퇴를 선언한다. 그리고 그 선언들이 반복과 번복으로 이어질 때 정작 무너지는 것은 가치의 혼란이요, 진정성의 실종일 것이다.

절필 선언은 독립 선언은 아니지만 금주 선언도 아니다. 엄숙한 행위이지만 선언할 일은 아니다. 선언하는 순간 약속은 깨진다. 침묵만이 그 오연함을 대신해 준다.(2014)

겨울 하늘에 나비 한 마리

한 대학생의 대자보가 연말의 한국 사회에 잔잔한 파문을 일으키고 있다. 더욱 정확히는 우리를 흔들어 깨우고 있다고 해야 할 것 같다. 〈안녕들 하십니까?〉란 제목의 이 대자보는 학우들에게 안부를 묻는 형식으로 되어 있다. 대자보는 불과 하루 만의 파업으로 수천 명의 노동자가 일자리를 잃었음을 지적하고 철도 민영화에 반대한 이유만으로 그들이 직위 해제된 사실을 적시했다. 이어서 수차례 불거진 부정선거 의혹, 국가기관의 선거 개입, 대통령의 탄핵소추권을 가진 국회의원의 '대통령 사퇴'라는 말 한 마디에 제명이 운운되는 지금이 과연 21세기가 맞느냐고 묻고 있다.

또한 고압 송전탑이 들어서 주민이 음독자살을 하고, 해고 노동자에게 수십억 원의 벌금과 징역이 떨어지는 '하 수상한 시절' 에 모두들 안녕하시냐고, 그리고 침묵과 무관심만 강요받은 자신들은 정치나 경제에 스스로 고민하고 목소리 내길 종용받지도 허락받지도 않았기에, 그렇게 살아도 별 탈 없으리라 믿어온 것뿐이라 하였다. 그런데 이제는 그럴 수조차 없게 되었으며 그렇게 살수만은 없게 되었노라고 말하고, 다시 한 번 안녕하시냐고, 별 탈 없이 살고 계시냐고, 남의 일이라 외면해도 문제없으신지, 혹시 '정치적 무관심' 이란 자기합리화 뒤로 물러나 계신 건 아닌지 여쭐 뿐이라고 했다.

대자보에 드러난 작성자 나름의 오늘의 한국 사회현실에 대한 우울과 분노는 잘 다듬어진 글이라기보다는 안으로 다스리고 있는 화자의 어조에서 다른 어떤 집단의 구호나 호소문에서는 볼 수 없는 공감을 끌어내고 있다. 그것은 고함치지 않고 주장하지 않은 태도에서 오는 반어적 효과일 것이다. 지적으로 우월한 자리에서 내려다보고 비아냥거리는 풍자도 아니고 다소 유희적이거나 냉소적인 해학이나 역설의 수사도 아닌 이 소박한 대자보는 그러나 안부를 묻는다면서 오히려 학우들을 압박하고 있다.

대학의 후문에 낙엽처럼 달라붙어 있던 이 대자보 하나가, 새로운 내용도 그럴싸한 담론으로 무장한 성명서도 아닌 7, 80년대식의 대자보 하나가 퍼지고 퍼져서 수많은 다른 학교와 집단들로부터 "나는 지금 안녕하지 못하다"는 답변을 이끌어내고 있다.

이 의외의 상태는 물론 새로운 것은 아니다. 많은 사람들이 지쳐있었거나 잠자고 있었던 의식을 흔들어 깨웠을 뿐이다. 그것은 개인은 그가 속해 있는 집단이나 사회와 동떨어진 존재인가 함께 하는 존재인가에 대한 질문에 다름없다. 그 대자보의 주인과 그것을 퍼 나르고 답변을 해대는 수많은 또 다른 학우들은 결국 각자의 삶은 자신들을 둘러싸고 있는 더 큰 테두리 — 이른바 집단이나 사회 속에서만 스스로의 삶의 의미를 찾을 수 있음을 보인 것이다. 이 소박하지만 소중하고 당연한 인식이야말로 자신의 삶과 타인의 삶과의 관계를 설정하는 방식일 것이다. 무심히 뒤섞여 흐르는 것 같은 개인과 개인의 삶 속에서 역사나 사회 속에서의 자신의 위치를 가늠해 보는 민중의식이나 시민적 자각은 그러므로 중요한 자기발견이다.

종강 무렵의 대학 후문 담벼락에 겨울나비로 나붙은 그 대자보는 동료 학우들에게 잠자는 의식을 흔들어 깨우며 안부를 물었고 그 인사를 건네받은 학우들은 새삼스럽게 자신들의 안위를 자문하게 된 것이다. 그리고 그들은 차갑게 얼어붙은 오늘의 현실에 안녕하지 않은 자신의 모습을 성찰하는 계기를 맞은 것이다.

대선이 끝난 지 일 년이 되었지만 지금 우리는 그 후유증을 정리하지 못하고 있으며 정당과 지역과 이념 간의 갈등은 더욱 커지고 있다. 집권 일 년 만에 공안과 독재와 만나는 것은 어렵지 않게 되었으며 그것은 이미 환영이 아니라 현실로 다가서고 있음을 본다. 설득과 타협은 사라지고 강요와 대립으로 치닫는 형국이다

연말의 얼어붙은 겨울 하늘에 날아온 나비 한 마리 — 그 나비의 날갯짓은 지금의 우리에게 날씨의 변화를 예비하고 있는 하나의 엄중한 상태이자 징후로 읽히고 있다. 브라질에 있는 나

비의 날갯짓이 텍사스에 토네이도를 발생시킬 수도 있다는 나비효과론은 한갓 기상학의 이론만은 아닐 것이다.(2013)

혼외는
논외다

전직 대통령의 은닉재산의 추적과 환수가 한참 마무리되어 가고, 현안이었던 국정원의 선거개입에 대한 조사가 관련자들에 대한 선거법 위반으로의 기소로 진행될 즈음에 수사 책임자인 검찰 총장에게 '혼외의 아늘'이 있다는 제보가 나왔다. 하늘에서 갑자기 떨어져 내린 운석처럼 그것은 생뚱맞은 제보였다.

우리는 이미 국정원의 선거개입 문제가 터졌을 때 현장을 지키고 문제를 제기했던 야당 측의 고발에 여성을 '감금한' 고발자의 처사를 맞고발하는 운석을 맞아본 적이 있으므로 크게 놀라지는 않았다. 다만, 범죄의 현장을 덮친 것이 인권을 감금한 것으로 대체되고 의혹이 폭등하자 다시 전직 대통령의 북방한계선 대화록에 대한 새로운 운석이 떨어졌고, 국민들은 사태의 본질이 무엇인가에 대해 잠시 혼란에 빠졌다. 그리고 그 논쟁이 길어지자 사건의 본말은 전도되기 시작했다. 운석은 우리에게 생뚱맞은 날벼락이 아니라 낯익은 거대한 바위덩이로 자리잡기 시작했다.

세상에는 일부다처의 사회도 있고, 일처다부의 사회도 있고, 일인일처가 선호되는 사회도 있고, 간통죄가 있는 곳도 있고, 없는 곳도 있다. 그러나 한 개인의 성적 정체성이나 인격의 상호성에 입각한 어떠한 논의도 지금의 한국 사회에서의 처첩의 관계는 정당화할 수 없다. 인류가 만들어낸 제도 가운데 가장 졸렬한 것이 결혼제도라는 유머나 아이러니도 지금의 우리 사회에서의 혼외를 변호해 줄 명분은 못 된다. 우리는 그만큼 우리가 만들어낸 관습으로 개인의 자유와 억압을 함께 경험하고 있는 셈이다.

그러므로 당대적 관습이나 규범을 어기는 일은 일단 공직자로서의 품위를 지키지 않은 행위이므로 우리는 그를 공격할 수 있다. 혼외가 당사자에게 부여된 직무를 수행하는 데 필요한 자질과 능력과는 무관하게 비난의 대상이 되는 이 사회의 문법도 본인은 감내해야 할 것이다. 그는 지금 자신에게 덧씌워진 혐의를 부정하고 있지만 많은 사람들이 의심을 거두지 않는 현실을 무작정 무시해서도 안 될 지경이 되었다.

우리는 지금 관습과 윤리에 저촉된 한 개인의 사생활을 들어 그를 공격하고 변호하는 논쟁에 휩싸여 있다. 공직자이기에 사생활일 수 없다는 논리와 사생활이 왜 공공적이어야 하는가에 대한 논거도 무의미해졌다.

그러나 지금 우리에게 중요한 것은 그 공직자에 대한 혐의가 사실인가 아닌가가 아니라, 이 논쟁이 지금의 시점에서 적절한 것인가 아닌가를 따지는 일일 것이다. 그가 한 여인과의 관계에서 발생한 결과에 대해 얼마나 충실하였는지 그러지 못하였는지를 따지는 것 또한 지나치게 한가한 호사취미요, 사생활 침해다. 사회적 물의만 아니라면 어떠한 개인적 선택도 다만 그의 사생활일 뿐이기 때문이다.

한 공직자의 여성관계는 그의 개인적 윤리를 따지기에 필요한 하나의 단서가 될 수는 있지만 그에게 부여된 국가권력기관의 선거개입 수사를 규제하는 것은 아니다. 그를 비난하는 온갖 사실과 의견의 논거들 또한 현 사태의 본질도 우선순위도 아니다.

국가기관의 선거개입이 대화록 시비로 가려지고, 사초실종으로 방향이 전환되고, 혼외자 시비로 본말이 전도되고, 사태의 경중도 두서도 완급도 없어지는 동안, 우리의 현실감각이나 위기의식은 서서히 마비되어 간다.

고통도 위기도 도덕도 윤리도 그것을 달래거나 수습하는 순서가 있고 완급이 있고 경중이 있다. 국가정보원의 불법 선거개입이라는 당선무효, 정권퇴진 수준의 중대 국면을 담당 검사의 사생활인 혼외자의 유무의 문제로 얼버무리려는 수작이야말로 공작시대의 부활이다. 지금 우리가 맞고 있는 위기란 무엇보다도 국가적 사태의 본말에 대한 혼선이다. 지금의 우리에게 혼외는 논외다.(2013)

일상의 혼란

요즈음 신문이나 텔레비전 뉴스를 보면서 문득문득 혼란에 빠지게 된다. 사물이나 사건이나 글자가 제대로 파악되기도 전에 단정 짓거나 예측되어버리는 경우가 그것이다. 우리는 평소 이러한 순간적인 착각과 착시, 혼돈을 자주 경험하게 되는데 나이 들면 생기는 버릇이거니 했다가도 사실은 그것은 어린 아이에게서도 흔히 발견되는 일상의 혼란임을 알고 안심하기도 한다.

가령 어느 후덥지근한 여름날 대학의 책임자와 학과의 일을 따지기 위해 기다란 복도 끝에 자리 잡은 그의 집무실을 찾아갔을 때, 내가 찾아간 사람의 직함은 보이지 않고 '화장실' 간판만 댕그랗게 붙어있어 순간 당황했던 기억. 결국 그 팻말은 화장실이 아니라 '학장실' 이었음을 알아차리기까지의 짧은 시간의 긴 혼란 같은 것도 이런 사례에 속한다. 학장실을 화장실로 잘못 읽었던 날의 나의 심리상태는 그 면담자에 대한 나의 평소의 생각들이 작용한 것이나 아니었는지, 순간 반성도 해 보지만 그러나 그것이 전적으로 나의 착시현상만은 아닐지도 모른다는 생각에 혼자 실소했던 일이 있다.

한글의 자모가 잘못 인식됨으로써 야기되는 어떤 낯섦과 혼란은 그 혼란을 야기했던 사람의 의식과 선입견의 속내를 보면 저간의 사정이 상상력과 무의식으로 결탁하고 있음을 보게 된다. 요즘의 카카오톡의 문자들은 이와는 무관하게 이러한 오해들을 보여 주지만 선입견과 오해의 주체가 바뀌었을 뿐 이때의 상상력의 구조는 동일하다. "오래오래 사세요"라는 며느리의 생일축하 메시지가 "오래오래 사네요"로 둔갑하여 축하받는 시어머니를 당혹하게 했다는 우스개는 감각의 실수가 마음의 오해로 전이된 경우일 것이다.

5공 시절 大統領(대통령)이 犬統領(견통령)으로 잘못 식자된 신문사의 편집부장과 식자공이 해직된 경우는 실수를 의도로 간주한 극단적 사례이다. "늘어나는 세금에 서민들 뿔났다" 라는 신문의 헤드라인을 나는 시민들이 뿔났다로 읽었는데 다시 보니 서민이었다. 서민이 시민으로 둔갑한 배경에 잠재의식은 개입하지 않은 경우이지만, 착시를 시각의 착오로 본다면 이러한 착각에는 결국 나의 경험에서 오는 착각, 나의 상대에 대한 선입견에서 오는 착각이 은밀하게 개입되어 있음을 볼 수 있다.

순간의 혼란은 한편으로 일상에서 자주 만나게 되는 숫자의 유희에서도 경험할 수 있다. 착각이나 착시가 간혹 어떤 선입견이나 고정관념을 위장해 드러낸 경우라면 숫자는 우리에게 어떤 정서나 관념을 떠올려주는 기호이다. 가령 어느 잠 못 이루는 날 밤에 문득 일어나 바라본 머리맡의 디지털 시계, 그 형광 숫자가 3:15를 가리키고 있을 때 나는 반사적으로 3·15 부정선거를 떠올리고 바다 위에 떠오른 김주열의 시신을 떠올린다. 4시 19분에는 광화문을 달려가는 대학생들의 모습을, 5시 16분에는 탱크 위의 선글라스를 낀 키 작은 장군의 모습을, 5시 18분에는 광장에 널브러져 태극기에 덮인 시신들의 모습을……. 6:10, 6:25, 6:29, 7:4, 8:15, 10:4, 10:26, 12:12……. 하루에 정확히 두 번씩 가리키는 이 디지털 시계의 시침과 분침은 우리에게 각인된 근현대사의 기호들이다. 모든 시침과 분침들은 우리의 근현대사를 기호로써 재현해 보이면 우리의 머릿속은 그와 관련한 자유연상으로 채워진다. 이 연상 작용은 역사를 잊은 민족에게는 미래가 없다는 잠언으로서가 아니라 다만 상처와 영광으로서의 나의 습관적인 기억놀이이다.

시간은 되풀이되는 것인지 다만 지나가기만 하는 것인지 알 수 없고 역사 또한 반복되지 않은 일회적 사건의 연속인지 또 다른 형태의 반복인지 알 수 없지만, 요즈음의 우리 사회는 그것을 바라보는 자의 심사를 매우 처연하게 한다. 국정원의 선거개입, 기밀문서의 유출과 선거용 왜곡 날조, 여당의 증인채택 청문회 조직적 거부, 대통령의 긴 침묵이 깊어지는 시간, 신문엔 시청 앞 광장의 수만 인파의 촛불 시위대의 모습은 통제되어 보이지 않은 채 새로 진용을 짠 부패한 인물들의 면면이 비서진으로 소개되어 있었다. 그리고 그 위에 한 줄의 헤드라인이 떠 있었다.

박 대통령, 세법 개정안 '원점서 새검토하라'

순간적으로, 선글라스를 낀 여성 대통령의 모습이 내게 다가

왔다. 박 대통령이 '어느 박' 인지 갑자기 떠오르지 않았다. 기시감인지 데자뷔인지, 혼란의 한 순간이 빠르게 지나갔다. (2013)

테이블 위의 자고새

신라 화가 솔거가 그린 황룡사의 소나무 그림에 참새들이 날아들었다는 이야기처럼 서양에도 그 비슷한 일화가 많다. 가령 고대 그리스의 어느 화가에게 유명한 자고새의 일화가 있다. 그는 자신의 그림 속에 자고새 한 마리를 그려 넣었는데, 그 새는 너무도 잘 그려졌기 때문에 진짜 살아있는 것 같았고 모든 그리스인들이 그를 찬양했다. 하지만 모든 사람들이 주인공이 아닌 이 새만 쳐다보았으므로 화가는 새를 완전히 지워버린다.

이 우화는 문학 텍스트에서의 소위 잔소리, 군더더기, 변죽, 딴전으로 표현되는 것들을 어떻게 처리할 것인가에 대한 문제를 얘기할 때 가끔 인용되는 삽화이다. 어떤 사람은 이 그림이 시선을 딴 쪽으로 쏠리게 한다고 비난했을 것이고, 어떤 사람은 자고새를 찬미했다가 다시 그것은 배경이니 무시하라고 요구했을 것이다. 한술 더 떠서 화가는 자기 그림 속에 또 하나의 그림이 존재하는 것을 견디지 못해 아예 자고새를 처형시킨 것이다.

하나의 텍스트에서 군더더기, 여담, 딴전 피우기 등으로 보이는 것들은 그림 속의 자고새와 같은 존재들이다. 그러나 훌륭한 화가 또는 작가는 이러한 상황을 즐기거나 글쓰기의 법칙과 타협한다. 여담 혹은 딴전이란 종종 너무 돋보이거나 거슬리기에 지워지고 제거될 수도 있는 조각들이다. 이 우화에서는 군더더기에 대해 찬양하자마자 바로 그것을 제거하지만 일반적으로 여담은 이 제거의 순간을 끊임없이 연기하게 마련이고 또 거꾸로 잠시 보류된 이 삭제의 몸짓을 통해서만 읽혀진다고 수사학자는 말한다.

우리는 소설을 읽다가 가끔 끝없는 장소 묘사, 간밤의 꿈 이야기, 종잡을 수 없는 장황한 잡담들의 과도한 삽입에 눈살을 찌푸리고 지루한 단락을 건너뛰기도 한다. 수세기 동안을 수사학과 문학이론은 이러한 군더더기들을 작품의 통일성과 유기성을 떨어뜨리는 요소로 단죄했다. 하지만 이야기가 삼천포로 빠졌다가 문득 제자리로 돌아올 때의 순간은 경이롭기도 하다. 이처럼 하나의 스토리는 수많은 수다와 군더더기로 보이는 것들의 조합, 이른바 수많은 담론들이 모여 이루어져 있으며 이 스토리들이 모아져서 마침내 하나의 주제를 생산해 낸다.

비난받았던 수다는 이처럼 대화에 이질적인 것과 무질서를 주입하고, 딴전으로 픽션과 현실의 경계를 넘나들고 교란하면서 현재를 조롱한다. 문학사의 유명 작품들에서 우리는 언어란 본질적으로 잡다한 것이며 그 진정한 한계를 설명하기 위해서는 유희, 조롱, 역설의 기법이 필요하다는 이치를 배우게 된다.

단어가 모여 맥락이 되고, 맥락이 모인 단락들이 텍스트를 만들어 하나의 의미를 생성하는 원리는 정치적 협약문이나 선언문이라고 해서 예외는 아닐 것이다. 하나의 명제나 스토리가 생성되기까지는 이 담론의 놀이가 진행되는 과정을 건너뛸 수는 없다.

요즘 국가적 위기가 되고 있는 국정원의 남북 정상간 대화록 공개와 그 판본 논쟁은 놀랍고 참담하다. 기록문서 공개의 탈법도 심각하지만 문건이 자의적 해석과 악의적 조작, 그리고 오해와 왜곡으로 변모, 오도되는 과정은 더욱 참담하다.

남측 대통령이 북측 위원장에게 NLL은 괴물과 같은 것이고 법적 근거도 없다고 한 것은 있는 것과 있어야 할 것에 대한 넋두리요, 딴전이었을 것이다. 현실적 존재인 NLL보다는 역사적 당위인 서해안 평화지역을 위한 변죽이었을 것이다. 자신이 친미이고 다른 국가에게는 북쪽의 대변인 노릇을 했노라는 너스레는 친구관계보다는 친족관계로서의 북에 대한 압력이었을 것이다. NLL은 영토가 아니라는 성토는 그것이 영토일 수밖에 없는 현실에 대한 반어였다. 그곳은 현실과 이상을 넘나들면서 있어야 할 것이 있는 것을 조롱하고 언어적 문맥과 역사적 문맥이 마주치는 현장이었을 것이다. 직설과 반어의 달인이었던 남측 대통령의 수사는 그러므로 수호하기 위해서 개방했고 개방하기 위해서 수호한 것에 다름없다.

10·4 선언이라는 텍스트를 이끌어내기 위해 양측이 주고받은 이담과 딴전과 너스레로서의 담론들, 익살과 반어와 역설의 수사들은 모두 협상 테이블 위의 자고새처럼 돋보이고 거슬리

고 모나기도 했겠지만, 그것은 맥락 속의 언술일 뿐 주제는 아니었다. 두 정상이 주고받은 담론들의 토막을 주워 모아 이어붙이는 행위는 남북이 함께 이끌어낸 명제(담화문)에 대한 훼손이요, 그것을 왜곡하여 활용하는 것은 죄악이다.(2013)

금지된 노래

5·18을 코앞에 두고 요즘 행정당국은 조잡하고 저급한 고민에 빠져 있다. 기념식전에서 어떤 노래를 부르게 할 것인가 하는 논란이 그것이다. 30여 년을 수없이 불러오던 〈임을 위한 행진곡〉이라는 노래가 식전의 행사에 금지곡으로 몰려있는 형국이다. 그동안 잘 불리어 오던 노래가 색다른 정부가 들어서면서 불온가요로 지목되더니 지금까지 심심치 않게 금지, 유보 논란으로 이어지고 있다. 이 노래 말고 다른 노래로 대체하자며 내놓은 곡이 〈방아타령〉이었다는 것을 듣고 사람들은 이제 웃지도 않는다. 수많은 사람들이 불러왔던 이 노래의 가사는 우선 이렇다.

사랑도 명예도 이름도 남김없이
한평생 나가자던 뜨거운 맹세

동지는 간데없고 깃발만 나부껴
새날이 올 때까지 흔들리지 말자
세월은 흘러가도 산천은 안다
깨어나서 외치는 뜨거운 함성
앞서서 나가니 산자여 따르라
앞서서 나가니 산자여 따르라

이 노래는 가사에 사용된 시어의 선택이나 비유, 소절의 반복이나 어조가 자연스럽다. 노랫말이나 곡 모두 품격을 갖추고 있으며 '맹세', '동지', '깃발'로 표상되는 민중들의 일체감이나 "앞서서 나가니 산자여 따르라"라는 애국 민주항쟁을 향한 비장한 각오도 잘 드러나 있다. 집회나 식전 행사에 부르기에 어울리지 않는 대목은 보이지 않는다. 가령 프랑스 국가의 "영광의 날이 왔다! 압제에 맞서/피 묻은 깃발을 올려라"와 같은 다소 극렬한 표현, 미국 국가의 "포탄의 붉은 섬광과 창공에서 작렬하는 폭탄이/밤새 우리의 깃발이 휘날린 증거"라는 대목과 비교해도 무리가 없다. 중국 국가의 "일어나라/노예가 되기 원치 않는 사람들아!/ 우리의 피와 살로/우리의 새로운 장성을 건설하자!"와 같은 전투적인 모습도 덜하다. "고귀한 우리의 여왕이 만수무강하게 하소서"라는 영국 국가나, "왕의 치세가 천대나 계속되어 영원히 이어지리"라는 일본 국가, "대한사람 대한으로 길이 보전하세"라는 우리 국가의 한결같은 기원과 다짐들 보다는 강건한 기상을 담고 있을 뿐이다. 국가도 아니고 민중적 연대나 시민적 자각을 도모하는 민중가요로 분류된 노래임에도 다른 나라 국가의 어떤 노래에 못지않은 격조와 세련된 구조를 보이고 있다.

이른바 민중가요 혹은 노동가라고 불리는 노래들은 어차피 저항적인 데 그 특성이 있으며, 그러한 사회운동에서 요구하는 집단적 정서나 가치, 일체감 형성을 위한 수사적 장치 또한 하나의 덕목으로 치부된다. 무엇보다도 어떤 노래는 그 노래가 불리어질 당시의 상황과 시대적 코드를 담고 있다. 〈임을 위한 행진곡〉은 당연히 그 노래가 생성되지 않으면 안 될 역사 사회적 배경을 상황으로 간직하고 있으며, 바로 이러한 이유로 프랑스 국가는 시민혁명기의 열기를 그대로 담아냈던 것이다.

그렇다면 새삼스럽게 〈임을 위한 행진곡〉이 금지곡의 위기에 처한 다른 이유란 무엇인가. 그 이유가 그 노래를 부르고 좋아하는 사람들이 자신들이 싫어하는 부류의 사람들인 때문이라는 점은 놀라운 일이다. 어떤 노래가 가창자에 따라 금지곡이 되고 애창곡이 되는 상황이다. 같은 노래를 대통령이나 국회의원이 부르면 괜찮고 군중이나 시위대가 부르면 안 되거나, 같은 노래를 A 정부 진영이 부르면 되고 B 정부 진영이 부르면 안 되는 상황이다. 가창자에 따라 노래의 위상이 바뀌는 사례는 노래마저 통제되었던 저 통금시대의 군사정부를 떠올리게 한다.

우리의 금지곡의 역사를 보면 요즘의 사태는 이미 예고된 것이라 하겠다. 아리랑을 못 부르게 한 것은 차라리 식민지배하에서의 일이었다고는 하지만, 태양이 '묘지' 위에 '붉게' 떠올라서 안 되고, 고래사냥은 포경수술이 연상되어 안 되고, 거짓말이야 라고 외치는 것은 어떤 분의 거짓말이 연상되어 안 되고, 물

좀 주소는 고문이 연상되어 안 되더니, 지금은 도서관 로비에서 춤을 추는 젠틀맨은 필요 없다는 수준이다. 넥타이를 가위로 자르고 피아노 건반을 부쉈던 예술가의 기념관이 세워진 것이 오히려 이상할 정도이다.

애국가를 부르면서 마침내 울어버렸던 일을 우리는 한두 번쯤은 경험했을 것이다. 국가가 그 나라의 건국이념이나 국민적 기상을 담고 있어 이 노래들을 부를 때의 우리들의 마음가짐은 〈비내리는 영동교〉를 부를 때와는 판이하게 다를 수밖에 없다. 각종 기념행사에는 거기에 부합되는 집단적 정서나 기상을 담은 노래로써 함께 울고 웃고 다짐하게 해야 할 것이다. '임을 위한' 행진이나 슬픔은 금지되어서는 안 된다. 노래에 정치 이어폰을 끼워 듣는 야만의 문화는 이제는 떨쳐버려야 할 때이다.(2013)

압류된 성

오늘의 우리 사회가 안고 있는 풍속의 문제 가운데 큰 변화 중의 하나가 아마도 성과 관련한 일련의 법적 시비의 문제가 아닌가 싶다. 오늘의 우리에게 성은 이제 더 이상 윤리적이거나 사적인 감정의 문제가 아니라, 생물학적이고 외과적 부위 이상의 것은 아니다. 이런 변화는 이미 오래전부터 빠르게 진행되어온 것이지만 그것을 바라보는 우리의 정서는 씁쓸함과 민망함 뿐이다.

최근 한 연극배우를 둘러싼 성적 분쟁은 우리를 매우 안타깝게 할 뿐만 아니라 그것을 보도하는 언론의 태도 또한 혐오스럽다. 이는 그동안 우리가 소중한 가치로 간직해 오던 기존의 윤리나 가치가 무너져버린 사태에 대한 안타까움에서보다도 사람과 사람 사이의 관계에 대한 야유와 파괴심리에 기인한다고 하겠다. 묵과될 수도 있는 것들이 마침내 까발려진 데 대한 호기심,

묵계되어 넘어갈 수 있었던 것들에 새삼스럽게 시비가 붙게 된 데 대한 당혹감 같은 것들에 대응하는 집단적 정서 또한 우리의 혐오감을 부채질하고 있다.

당사자가 유명 연예인이고 대중들의 관심이 폭주하고 있는 사안을 감안하더라도 각종 언론이나 인터넷 매체가 보여준 이들 행적에 대한 보도는 관음적이거나 폭력적인 것이었다. 본인들은 본인들대로 자신들의 관계가 강제적이었는가 아닌가를 판단케 할 만한 자료들을 일방적으로 쏟아내고, 그 발화자를 다시 고소하면서 반박이 이어지는 싸움이 계속되고 있다. 그리고 각종 언론 매체들은 여과 없이 이를 생중계하고 있는 형국이다. 그러나 이 보도들은 명백히 사실과 의견의 차이를 무시한 것들이며 판단을 거치지 않은 진술에 불과한 것들이었다. 재판정에서나 이루어져야 할 검증들이 한 사람의 기자나 제보자에 의해 추론되고 있다. 지각되어지는 것과 사유되어지는 것들이 한데 만나는 데에서만 우리는 진상을 판단할 수 있으며 책임이나 죄를 물을 수 있다. 그 결과가 나오기까지는 이들과 관련한 모든 사적인 것들은 보호되고 그 익명성이 보장되지 않으면 안 될 것이다.

과거 유력 정치인이나 사회지도자, 혹은 연예인들과 관련한 개인적 혐의가 사회정의나 윤리의 이름으로 예단되어 왔던 사례를 수없이 보아왔다. 소문과 편견과 예단으로 피의사실을 범죄사실로 이이기는 횡포의 사례로 우리는 최 모 여배우 일가의 비극적인 연쇄 자살을 기억해야 할 것이다. 이른바 프라이버시는 남에게 간섭받지 않을 개인의 권리이다. 보도와 논평이 객관성과 엄정성을 넘어설 때 그것은 폭력으로 돌변할 수밖에 없다.

그러나 확인되지 않은 사실들로부터 우리는 그들을 보호해 주어야 하겠지만 정념과 무분별로 보낸 그들의 하룻밤까지 보호해 주어야 할 일은 아니다. 만나서 하루가 지나자 가해자와 피의자로 변하게 된 연유는 그들 본인들만이 알 터이고 그것을 법으로 해결하지 않으면 안 될 지경에 이른 그들의 불행한 만남의 대가 또한 자신들이 치러야 할 것이다. 그리고 그들의 관계가 강제적인 것이었는지 아닌지를 따지는 데는 심리적 근거와 사실적 자료가 동원되어야 할 것이지만, 그 여성이 보여준 하루 만에 돌아선 자신의 행위는 흐트러진 자신의 성관념을 드러낸 것에 다름없었고, 그 남자 배우가 주장하는 성행위의 자의성은 자신의 비강압성을 설명해 주기보다는 자신의 무분별한 성적탐닉의 결과를 보여준 것에 다름없었다.

오늘의 우리들의 성은 이제 그 익명성으로부터 해방된 지점에 와 있다. 분실수표의 번호를 광고함으로써 그 수표가 무효임을 공표하듯이, 자신에게 가해진 어느 순간의 신체적 접촉이 무효임을 공표하게 된 것이다. 이제 성은 더 이상 나뭇잎으로 가려진 신성하고 은밀한 곳도 아니며, 세계에 대한 한 개인의 존재방식도 아니다. 성은 이제 윤리가 아니라 법의 영역으로 넘어갔으며, 쾌락만이 선이며 그 훼손 여부는 외과적 진단에 의해서만 판단되고 변호될 수 있다. 법은 성적인 것보다는 성기적인 것을 우선한다. 욕구와 쾌락을 좇는 현대사회의 찰나주의, 오늘의 사회를 지배하고 있는 이 헤도니즘의 왜곡된 사례가 우리를 슬프게 한다. (2013)

변절

이번 대선의 화두는 단연 야당 후보들의 단일화 문제였지만 요즘은 유력 인사들의 거주지 변경이 또한 화제다. 국민의 정부에서 중책을 맡고 있었던 A 씨가 여당으로 입당했고 함께 일했던 B 씨도 선거대책 본부의 중책을 맡아 자신이 몸담았던 야당에 포화를 퍼부었다. 리틀 디제이라는 별명으로 통하던 C 씨도 곧 여당 후보의 지지를 선언할 것으로 전해졌으며, 전 대통령 후보 C, D 씨는 물론 오랫동안 여당의 여성 후보를 무시해 오던 E 전 대통령도 지지를 선언했고 F 전 총리도 여기에 가담할 모양이다. 이쯤 되면 소위 '대통합' 인지 '이합집산' 인지가 분간이 가지 않는 형국이요, 엄동설한에 때 아닌 이사철 맞은 봄날 같은 느낌도 없지 않다.

A~C 씨는 오랫동안 각자 같은 방향으로 달려온 분들이다. 다만 그들은 1차선으로 주행하다가 3차선이나 2차선으로 무지르

거나 추월하면서 주행선을 바꾼 적은 있지만 방향은 그런대로 분명한 채로 크게 도로교통법을 위반하지는 않았다. 그러나 이들은 혼잡한 도로에서 불법 유턴을 감행함으로써 뒤에 따라오는 차량들을 급정거하게 하거나 마주오던 차량들과의 충돌 위험을 자초했으며 D~F 씨는 단속 경관에게 돈 봉투를 건넴으로써 또 다른 유형의 법 관행을 어긴 교통사범의 형국이다.

저항시인으로 알려진 G 씨는 뜻밖의 선언을 했다. "아버지 놓아 버리고, 엄마를 따라서 너그러운 여성정치가의 길을 가겠다는 후보에게 믿음이 간다."면서 여당 후보 지지를 선언했다는 보도는 우리를 당혹스럽게 했다. 이쯤 되면 차선 변경이 아니라 중앙선 침범이다. 나는 그 보도를 보는 순간 "숨죽여 흐느끼며/네 이름을 남몰래 쓴다/타는 목마름으로/타는 목마름으로/민주주의여 만세"로 끝나는 그의 시의 절창 한 구절을 떠올렸다. 그와 같은 시대를 살았던 우리는 '오적'을 조롱하고 '타는 목마름으로' 민주주의를 절규했다. 도피와 투옥과 억압으로 이어진 유신시대의 공포를 온몸으로 겪은 그였기에 이번에 보인 그의 행보는 모든 이들에게 '돌발적'이지 않을 수 없었다. 어떤 이는 "아, K 씨"라고 썼고 어떤 이는 "믿을 수 없다"고 썼고, 어떤 이는 "이젠 놓아드리자"라고 했다.

문학교실에서 소설 속의 인물이 앞뒤 행위가 도저히 이해가 안가는 행태를 보일 때 우리는 '성격의 불일치'라는 용어로 점잖게 설명하기도 하지만, 그것은 그야말로 작가가 잘못 창조한 캐릭터에 대한 비판일 뿐이다. 아무리 가치 혼돈의 시대라고는 하지만 안 그럴 사람이 그러는 것은 그럴 사람이 그런 것 하고는 차원이 다르게 우리를 혼란에 빠지게 한다. 무엇이 그들로 하여금 그러한 급선회를 하게 하였는지, 그 방향 전환의 동기는 무엇이었는지를 상상해보는 것은 우리의 당혹감과 섭섭함의 근거를 다소간 마련해 줄 수도 있을 것이다.

그렇다면 그들은 전향한 것인가? 전향이란 문학사에서는 원래 무산계급과 대중 속으로 돌아가자고 했던 프롤레타리아의 자기변신에서 유래하였는바, 이들에게서 정치적 신념을 바꾼 흔적이나 표현은 아직 드러나 있지 않다. 그럴만한 자신의 내적 논리나 신뢰할 만한 가치가 전제된 어떤 모습도 보여주지 않았다.

그렇다면 그들은 변절한 것인가? 변절이란 절개나 지조를 지키지 않고 바꾸는 행위이므로 그들의 지조나 절개의 정체를 확인할 수 없는 한 그들은 아직 변절자도 아니다. 함께 했던 이들로부터 '배신자'라는 매우 사적인 경로의 응징만이 가능할 뿐이다. 조지훈은 그의 「지조론」에서 일제시대의 친일파에게 '변절자'라는 딱지를 붙이는 것은 부질없다고 하였다. 변절과 전향은 내면적 진실과 합리화된 자기논거가 전제되어야 한다. 배신은 변절보다 저급한 인간행태이고, 절개가 없으면 변절도 없고, 이념이 없으면 전향도 없다.

지금 우리사회는 변절자나 전향자로 불릴 만한 인물들의 출현을 갈망해야 할지도 모르는 역설적인 상황에 처해 있다. 그만큼 우리는 가치와 이념의 결핍에 익숙해 있다. 수많은 정치단체나 문화서클들이 이념집단이기보다는 이해집단으로 머무르고 만 것은 우리 시대의 인간과 사회에 대한 성찰의 조급성을 그대로 보여준다.

이제는 더 이상 자신이 처한 관계와 통합되지 못한 불편한 공간, 환경이 바뀌어 이미 소외된 곳으로 밀려나 있음을 인지한 새들은 이동을 감행한다. 요즘은 기후 온난화로 인하여 새들의 이동시기도 더욱 빨라졌다고 한다. 선거철을 맞아 새들의 생태, 그 동물적 전략을 생각해보는 이 시간이 슬프다.(2012)

그들은 친구였나

최근 유력한 대선 후보로 예상되는 안철수 교수의 측근 K 변호사의 기자회견이 있었다. 그는 이 회견에서 여당의 대선 후보인 박근혜 의원 캠프의 한 사람인 J 씨의 '협박' 전화를 폭로했다. J 씨가 전화를 걸어 안 교수의 이러저러한 소문들을 거론하면서 이에 대한 대비를 해야 할 것이라는 취지의 통화를 했는데, 이를 K 씨는 불출마를 종용하는 '협박' 으로 받아들였고, 이에 대해 J 씨는 '친구' 로서 한 사적인 견해를 위협으로 받아들이는 데 대한 비애를 토로했다. 같은 대학의 같은 학과 학번 동기로서 친구임을 강조한 J 씨나 동기이지만 최근 만난 지가 오래된 사이일 뿐이라고 말하는 K 씨의 주장을 보면서 나는 오랜만에 '친구' 라는 단어를 떠올리게 되었다.

친구의 수를 세는 것보다는 양의 머릿수를 세는 게 쉽다는 서양 속담이 있지만, 나에게도 누군가처럼 '친구' 가 여러 명 있다. 내가 자란 곳은 바다와 가까운 남도의 작은 읍내. 중3 때였을까,

나는 같은 반 친구 몇 명과 극장에 스며들어 영화를 보다가 학교로부터 정학처분을 받았다. 그날 밤 나는 친구가 선생님에게 검문당하는 것을 보고는 곧장 객석을 기어서 도망쳐 나왔지만 다음 날 정학처분 명단에 내 이름이 끼어 있었다. 검문에 걸린 친구가 유독 나만을 찍어서 '공범' 으로 자백한 것이다. 왜 나만 불었느냐고 따지니 그 친구는 그냥 웃기만 했다. 내가 제일 만만한 친구였음이 분명했고, 우리는 정학 나흘 동안 매일 읍내의 강가로 고기를 잡으러 다녔다.

서울에서 만난 대학 친구는 청파동의 같은 방 하숙생이었다. 우리는 이른바 같은 목표를 지닌 문학도였는데, 그는 나에게 모차르트를 가르쳐 준 고전음악의 마니아이기도 했다. 내가 어느 날 각혈을 하게 되고 의사는 휴학을 권했다. 그리고 당장 그와 숙식을 함께 하는 것을 금했는데, 내가 환자인 것을 알고도 그는 하숙집을 구해 나가지 못했다. 밥도 국도 따로 먹으면서 주의했지만 한 학기 만에 그 역시 결핵 판정을 받았다. 폐결핵 동기가 된 그에게 내가 미안해하자 그는 나와 떨어져 지내는 것보다는 나았다고 말했다.

대학의 전임교원이 된 직후, 한 친구가 전화를 해 급한 일이니 인감증명을 떼어오라고 했다. 은행보증을 선 지 얼마 안 되어 그가 죽었다. 그의 가형을 찾아가 보증 선 내용을 설명했지만 우리들의 우정에 대한 덕담만을 한마디 듣고는 돌아섰다. 대학교원 초임 봉급으로 그 빚보증을 갚는 데 삼 년이 걸렸다.

대학에서 교수생활에 익숙한 세월을 보내고 있던 어느 가을날, 자정이 훨씬 지난 시간이었다. 나는 자다가 팬티 바람으로

마루에 나와 수화기를 들고 술 취한 친구의 꾸지람을 한참이나 듣고 서 있었다. 만난 지가 오래된 고향의 극장친구였다. 그는 전화기 저쪽에서 나에게 소리치고 윽박질렀다. "이 자식아, 아이들 모아놓고 구라 피우며 잘 살고 있느냐. 장길산 태백산맥 아리랑 쓰리랑 다 나오는데 너는 그래 넌 지금 뭐하고 자빠졌냐. 다 그만 둬라……." 그는 고래고래 소리를 질렀고 나는 전화기를 붙든 채 쩔쩔매고 한참이나 서 있을 수밖에 없었다.

친구들은 대개 이런 식이었다. 우리들은 서로에게 일방적이었고 감정적이었으며 적법하지도 않았으며 때로는 폭력적으로 서로의 일상에 끼어들었다. 그러나 우리에게 중요한 것은 서로에 대한 대책 없는 정이었을 것이다. 시대가 바뀌면 친구의 개념도 변할 것이다. 그러나 친구의 감정적 토대가 무엇이어야 하는지, 그것을 서로 인정하고 유지하는데 필요한 포용과 배려의 크기가 어떠해야 하는지는 중요하다. K 씨가 J 씨에게 위기감을 느끼고 J 씨가 그것을 섭섭해 했다면 이들 사이에는 이미 그들이 고백하지 않으면 안 될 우정의 한계를 드러낸 것이다.

약관에 정치판에 끼어든 두 법학도는 이미 정치적 행태에 스스로를 편입시킨 사람들이다. 같은 학교의 학번 동기라는 이름으로 그들은 타인들에게 '친구'로 등록되어 있지만 그들이 얼마나 서로를 상품으로 이해하고 있는가는 본인들은 알 것이다. 20년의 친교가 날아가 버렸다고 토로하는 J 씨는 그러나 친구라는 이름 뒤에 자신이 음험하게 숨기고 있는 것은 무엇인지 자문해야 할 것이고, J 씨의 말에 위기감을 느낀 K 씨는 상대를 왜곡한 부분은 없는지 자문해 보아야 할 것이다.(2012)

여성 대통령

대선을 코앞에 두고 여성 대통령 논란이 시끄럽다. 여당에서는 그 타당성을 역설했고 야당에서는 그 자격을 부정했다. 여성 대통령 대망론이 나오게 된 것은 그 시기의 적절성을 떠나 부자연스러운 일은 아니다. 여성에게 참정권이 주어진 다른 나라의 경우를 감안한다면 지금의 한국의 형편은 다른 어떤 여권 신장의 속도에도 뒤지지 않을 것 같다. 비교적 일찍이 참정권을 부여했다는 뉴질랜드나 영국, 미국 말고는 대다수 국가들은 겨우 2차 세계대전 이후에야 여성에게 선거권과 피선거권을 부여했다. 자유 · 평등사상의 요람이란 프랑스는 1940년대 후반, 모범적 민주국가인 스위스는 1970년대가 돼서야 여성 참정권을 인정했다. 더구나 터키를 제외하고는 여성의 사회적 지위를 인정하는 데 오랜 시간이 걸렸던 이슬람권, 특히 아직도 여성에게는 참정권을 부여하지 않고 있는 사우디 같은 경우를 생각하면

1948년 제정된 헌법에서 여성 참정권을 부여한 한국은 여성 참정권에 관한 한 선진국인 셈이다. 이는 과거 주자학의 권위에 가려져 있던 여성의 지위가 왕실에서는 대왕대비의 수렴청정으로, 농가에서는 쌀뒤주 열쇠의 주인공으로 그 세력이 면면히 이어온 전통이라 할 수 있다. 봉건 질서와 유교적 압력으로 오랜 세월을 시달려 온 우리네 여성들의 인내와 굴종은 마침내 남성중심의 가치관에 스스로를 관습적으로 종속시켜 온 일면도 없지 않았다. 하지만 이제는 남성패권, 가부장제라는 단어가 과거의 일로 밀려나고 있으며 한국의 여성이 강인한 것은 이러한 역사적 과정 속에서 축적된 에너지의 산물이기도 할 것이다.

여성이 대통령이 될 수도 있다는 생각, 이제는 되어야 한다는 생각의 역사는 그리 오래지 않으나, 그것은 지금 우리 앞에 현실로 다가와 있다. 그리하여 우리는 박근혜가 여자이기 때문에 대통령을 시켜서는 안 된다는 남성우월주의를 흉내 낼 필요는 없다. 또한 그녀가 여자이기 때문에 이제는 한 번도 배출해보지 못(안)한 대통령으로 추대해야 한다는 생각도 틀렸다. 이것은 마치 경상도에서만 대통령을 5명 배출했으니 이제는 다른 곳으로 옮겨가야 한다는 생각과 비슷한 수준의 잘못된 기회균등주의이다. 어떤 사람들은 그녀가 독재자의 딸이기 때문에 대통령이 되어서는 안 된다고 말하고, 어떤 사람은 그녀가 산업화를 이끈 지도자의 딸이기 때문에 대통령으로 뽑아야 한다고 말한다. 이 모두 새로운 연좌제요, 잘못 응용된 혈통주의에 다름없다. 박근혜가 여자이기 때문에 독일의 메르켈이나 영국의 대처처럼 부각될 것이라는 것도 위험천만한 예단이요, 아버지나 남편의 후광으로 집권한 파키스탄의 부토나 필리핀의 아키노를 빗대 박근혜의 실패를 점치는 것도 비논리이다. 박근혜가 여자이면서 결혼, 출산, 육아의 경험이 없다는 사실을 들어 그녀의 여성성을 의심하는 것도 여성의 사회적 역할을 제한하는 소박하고 편협한 성의식이다.

이젠 우리도 여성 후보를 대통령으로 선출할 때가 되었다는 범박한 양성평등론적 주장을 받아들이기 전에 역사적 개인으로서의 그녀가 그동안 참여한 일이 무엇이었는가를 따져야 할 것이다. 우리는 그녀의 정책을 검증하는 것 외에 그녀가 그동안 특수하고 예외적인 공간에서 누렸던 호사와 그녀가 감내하지 않으면 안 되었던 현실이 무엇이 있었는가를 물어야 한다. 이는 그녀가 여자이기 때문이어서가 아니라 억압과 차별의 시대를 살았던 소수자, 피해자 편으로서의 그녀의 민중적, 시민적 자각의 문제이며 그 의무일 것이다.

선거철에 각 진영에서 펼치는 각종 선거 공약이나 전략들은 콘텐츠가 좋으면 재미가 따르고, 그 수준이 높으면 민생과 복지에의 기대로 뜨거워질 것이고, 거기에다 각 캠프가 벌이는 이러한 공방들이 세련미까지 갖추게 된다면 선거가 대립 반목이 아니라 정치발전으로 가는 축제의 마당이 될 수도 있을 것이다. 그러나 지금 이곳의 여성 대통령 소동은 당위와 실재가 어긋나는 허탈한 이슈에 불과하다. 따라서 여성이 대통령이 되면 안 된다는 말인지 박근혜는 여성이기 때문에 안 된다는 말인지 분명히 밝히라고 몰아세우고 있는 여당의 공세는 본지가 뒤바뀐 억지일 뿐이다. "여성 대통령이야말로 최고의 정치쇄신"이라는 여당의 구호는 오늘의 여성 대통령론의 허구성과 희극성을 잘 드러내 줄 뿐이다. 지금 우리가 걱정하는 것은 그녀가 여자이기 때문이 아니라 대통령 후보이기 때문이다. (2012)

신념과 신앙

여당의 한 대선후보가 "5·16은 아버지의 구국을 위한 불가피한 최선의 선택이었다"고 말한 데 대한 논란이 뜨겁다. 나는 처음에는 그것이 저격당한 아버지의 정치역정에 대한 여식으로서의 안타까움의 표현이었는지 정치인으로서 그렇게 발언한 것인지가 분명치 않았다. 그러나 연일 각 대선후보나 정당, 시민 사회단체의 입장이 표명되고 마침내 해묵은 역사논쟁을 재개하려 한다는 본인의 반격이 튀어나오면서부터 나는 그것이 슬픈 가족사를 가진 한 여성 후보의 아버지에 대한 회한의 표현이 아니라는 것을 알았고, 그것은 대선후보로서의 그녀의 역사나 정치철학의 일단을 명료하게 드러낸 것이라고 여기게 되었다.

신문 매체들은 이 후보의 발언 이후의 유권자들의 반응을 조사하여 발표하고 있고, 백만 표의 지지표가 날아갔다느니, 외려 보수층의 집결을 돕는 양상이 발생하여 지지층의 큰 변화는 없다느니 하는 호들갑을 떨고 있고, 해묵은 역사논쟁을 일으키고 있다는 본인의 반격에 야당은 "군홧발로 짓밟혀도 잘 먹여주기만 하면 머리를 조아려 감사하는 바보들로 (국민을)생각하느냐"고 반문하면서 "국민을 시혜의 대상으로 보는 전근대적 왕족의 시각"이라는 비판과 "민주주의와 역사의식이 실종된 판단", "역사전복"이라는 비난으로 이어졌다.

이 논쟁에서 우리는 5·16이 쿠데타냐 혁명이냐 하는 쟁점과 국민을 잘 먹여 주었다는 합의점과 만나게 된다. 그러나 5·16이 쿠데타였다는 사실을 부정할 사람은 거의 없으며 국민을 잘 먹여 주었다는 평가에 대해서도 동의할 사람이 많지 않다.

혁명과 쿠데타는 기존 질서를 붕괴시킨다는 점에서 동일하고 그 과정은 판이하다. 혁명에는 계획과 지도하에 타협적으로 단행되는 지배층 중심의 혁명이 있고 정치적으로 성숙한 계급이 민중의 광범한 지지 아래에서 자주적으로 단행하는 밑으로부터의 혁명이 있다. 이처럼 위, 아래로부터의 혁명이 단행할 만한 여건이 조성되어 있지 않을 때, 주로 민중의 지지 아래 지식계층에 의하여 단행되는 혁명이 바로 4·19였다.

고등학교 시절의 나의 4·19는 환희와 당혹으로 기억된다. 광화문과 세종로를 가로질러 경무대로 향하던 대학생 형들의 데모행렬의 모습은 장엄했고 늙은 독재자의 하야 방송의 떨리는 목소리는 슬프게 들렸다. 그리고 혁명의 환희와 새로운 질서에 대한 국민들의 희구는 요란한 요구로 변했고 그것은 잠시 혼란스러워 보였다. 그것이 사회적 혼란이었는지 축제의 뒤풀이였는지 분명하지 않은 채 환희의 4·19 여파가 몇 달간 이어졌다.

간밤에 내린 함박눈처럼 자유는 찾아왔지만 4·19는 이내 5·16의 절망으로 이어졌다. 민주에의 갈증과 자유의 실체를 어렴풋이 느끼고 있었던 나에게 그날 아침 1교시 프랑스어 시간, 벨기에서 오신 신부님은 칠판에 커다랗게 'coup d'etat' 라고 썼다. 그리고는 망치로 교탁을 내리치는 시늉을 해 보였다. 외국어로 나라 소식을 전해 듣던 그 해 5월의 아침, 그 외국인 신부님은 양쪽 어깨를 올리고 두 손을 편 채 학생들을 향해 씁쓸하게 웃었다. 우리에게 4·19의 환희가 절망으로 변하는 순간이었다.

쿠데타는 이처럼 도둑처럼 찾아왔다. 잠깐 동안의 혼란기, 자유 만발하던 축제의 끝물에 북향하고 있던 군인들이 한강교를 넘어 남향했다. 자유마저 서먹했던 혼란기의 나약한 체제 안에서 정권탈취를 목적으로 민중의 지지 없이 글자 그대로 '국가를 가격하는' 탱크의 행렬이었다. 반대파의 체포, 탄압, 요인의 불법납치, 감금, 군사력의 강압이 반공과 민생을 볼모로 감행되었다.

억압, 구금으로 얼룩진 20여 년의 저당 잡힌 민권의 대가로 주어진 소득증대는 허구이며, '구국을 위한' '불가피한 최선의 선택' 은 그러므로 잘못된 수사이다. 한 대선후보의 이러한 신념은 차라리 신앙에 가까운 믿음의 표현이고 구국의 결단이었기를 바라는 '소망적 사고' 에 불과하다. 성공한 쿠데타가 혁명이 아닌 것은 모든 악과 싸워야 하는 혁명의 본질을 위반하였기 때문이다. (2012)

제2부

텍스트의 망령

많지 않은 나의 작품 가운데 상황에 따라 출생연도가 바꾸어지게 된 홀대받은 작품이 하나 있다. 문단 초년에 발표된 「망령」(1974)이라는 이 소설은 모교 은사였던 J 교수가 모델이었다. "1972년 시월도 다 간 어느 날, K대학 역사과 교수 한민상韓民相씨는 어떤 알 수 없는 곳으로부터 걸려온 한 통의 전화에 온통 신경을 빼앗기고 있었다"로 시작되는 이 작품은 당시 유신 시절의 되살아온 독재의 망령을 그려본 것이었다. 이 작품은 한 대학 교수가 어느 날, 자신의 정체를 밝히지 않은 어떤 사내로부터 "내일 직접 뵙고 협조를 요청하겠다"는 위압적인 통보를 받게 되면서 맞는 하루의 기록이다. 교수는 재야의 강성 학자였지만 일방적으로 방문을 통보해 온 사내에게 아무 대꾸도 못한 자신이 놀랍고 싫었고 주눅이 든 자신이 못마땅했다.

마침 이날은 얼마 후 독일로 유학을 떠나게 되어있는 제자의 방문을 받고 서재에서 둘만의 조촐한 환송의 술자리가 마련된다. 아침에 걸려온 전화를 잊으려는 듯 교수는 오랜만에 만난 제자와 그의 장도를 축하하는 술을 거푸 들었다. 역사학계의 올곧고 꼬장꼬장하기로 정평이 난 교수와 예리하고 분석적인 글을 써내는 제자와의 대화는 화기애애하게 진행되는 듯하였다. 그러나 그것도 잠시, 술잔이 몇 순배 돌고 난 뒤 제자가 자신의 독일행이 취소되었다고 말한다.

교수는 제자가 언젠가 6·25 당시의 부친의 행적에 관한 얘기를 꺼냈던 일과 그 즈음에 그가 속해 있던 어떤 단체에서 발표한 성명서에 대한 생각도 해 본다.

교수는 물었다.

"말 때문인가?"

"모르겠습니다."

"글 때문인가?"

"모르겠습니다."

"부친 때문인가?"

"모르겠습니다."

이날 저녁의 환송 파티는 우울하게 끝났고, 제자는 독일행을 포기하겠노라는 말을 남기고 자리를 뜬다.

교수는 이날 늦둥이 막내와 저녁 산보를 나선다. 취기와 함께 엄습하는 알 수 없는 공포로 도무지 서재에 앉아 있을 수 없다. 그들의 저녁 산보에는 예외 없이 애견 재둥이가 동행했는데, 음산한 시월의 밤의 강변 언덕에서 한 교수가 애견을 살해하면서 작중의 불안은 강화된다. 그가 어둠의 한쪽 끝에서 들려오는 막내 아이의 울부짖음에 달려갔을 때 이미 개는 아이의 한쪽 귀를 물어뜯고 있었다. 개가 미친 것이다. 교수는 돌로 개의 머리를 쳐 떼어 내고, 자신에게 달려드는 개의 목을 조르기 시작했다. 강변 둑 밑으로 개의 사체를 밀어뜨린 교수는 아이를 안고 집으로 뛴다. 아이는 동네 병원으로 옮겨지고 애견을 죽인 교수에게 가족들은 저주를 퍼부었다.

이튿날 아침 교수는 대문 쪽으로부터 기다란 초인종 소리를 듣는다. 문이 흔들리고 옆에서 개 짖는 소리가 났다. "재둥이가 돌아왔다"고 딸이 외치며 달려 나가고 교수는 서재에 얼어붙은 듯 서 있었다. 대문 위로 솟아오른 낯선 사나이의 모자가 마당 안쪽을 살피고 있었다.

이 작품은 검열에서 제목이 바뀌었고 작중의 사제 간의 대화 일부가 삭제되었다. 그로부터 30년 후 나의 문학선(2004)에는 「미친개」라는 원제목을 살려 재수록했다. 이왕 고친 김에 작품의 시작을 "1972년 시월도 다간 어느 날"을 "1980년 시월도 다간 어느 날"로 시대를 끌어내려 보았다. 첫 번째 발표한 소설의 시대배경은 1972년이었고, 두 번째 소설의 배경은 1980년이었다.

이 텍스트 개작 놀이는 이제 "2013년 시월 어느 날"로 고칠 차례가 되었다. 국가정보기관의 선거개입 시비가 고조되자 죽고 없는 대통령의 가짜 대화록이 이를 밀어냈고, 국가기밀문서의 열람과 왜곡에 대한 책임과 진실규명이 수사관의 사생활에 의해 위기에 몰린다. 진보 야당에 대한 내란음모는 내란선동으로, 내란선동은 여적죄로 이름을 바꾸어가며 진화한다. 주객이

전복되고 본말이 전도되고 일의 순서도 완급도 두서도 없어졌다. 마르크스 이론은 강좌가 취소되었고 시국강연 연사는 당국의 부적합 판정에 의해 강연이 무산된다……. 너무나 익숙한, 더 이상 닮을 수 없는 이 70년대식 공포들은 무엇보다도 그 방법의 진부함에서 우리를 절망케 한다. 1972년, 1980년, 2013년……. 어느 해로 바꾸어도 소설 전개에 무리가 없는 나의 텍스트는 그러므로 실패한 소설일 수밖에 없다. 하나의 텍스트는 더 이상 바꾸어질 수없는 당대적 문맥과 미래에의 전망이어야 하는 텍스트 본래적 의무를 저버린 때문이다. 속악하고 세련되지 못한 역사와의 결별이 이렇게 어려운 것인가.(2013)

문학비

문학기행은 역사와 문학을 동시에 체험하면서 즐기는 시간 여행이다. 가령 남도의 담양으로 내려가면 당장 무등산을 배경으로 정자며 고옥들이 즐비한데, 면앙정과 소쇄원의 절묘한 구도는 그대로 조선조 건축양식의 심미적 구도요 눈앞에 흐르는 대나무 숲 개울물 소리는 바로 칠오 사사조의 가사 율조이다. 다시 강진의 영랑생가를 찾으면 “모란이 뚝뚝 떨어져 버린 오월 어느 날”의 영랑의 ‘슬픈 모란’이 “장꽝” 뒤에 고개 숙이고 있고, 내친 김에 조금만 더 내려가면 유배지인지 유토피아인지 모를 보길도에서의 어부사시사를 듣게 된다. 코스를 북쪽으로 돌리면 서울에서 불과 한두 시간 안에 ‘소금을 뿌린 듯’ 메밀이 흐드러지게 피어있는 대화 봉평의 달밤을 걸을 수 있다. 흐느끼는 물레방아간의 성서방네 처녀도 만나보고 이튿날 춘천의 외각 실레마을로 나가 김유정의 들병이들과 막걸리로 목을 축이는 코스도 있다. 마을 어귀의 흔해빠진 고목 한 그루, 쓰러져 가는 오래된 주막 하나라도 거기에 얽힌 사연들은 우리에게 작가의 체취를 느끼게 해 주고 그 작가에 대한 해석적 근거를 마련해 주기도 한다. 이는 모두 우리의 상상력과 현실적 공간이 함께 만들어 낸 문학사의 현장일 것이다.

그러나 아직 우리는 오랜 문학적 전통에도 불구하고 그 유적이 잘 보존되어있지 못하다. 근대문학 100년의 역사만 해도 그 동안에 우리가 쌓아온 문학적 성취나 과정이 기록으로 남아있지 않거나 텍스트들이 원본과 이본으로 갈라져 있거나 유실되었고, 사라져가는 활판과 종이문화의 귀중한 자료들마저 흩어져 있다. 국회에서 문학진흥법을 서두르고 박물관법을 만들고 지역마다 많은 문학관이 세워지고 있지만 그것들이 보유하고 있는 문학적 사료나 보존해야할 자료는 무엇인지 얼마인지 제대로 파악되어있지도 못한 실정이다.

그래서인지 최근 각 지역마다 그 지방 출신의 유명 무명의 작가 시인들의 비석이나 문학관이 세워지고 있다. 유행인지 열풍인지, 요즘 많이 세워지고 있는 문학비나 박물관은 다소 인위적이기는 하지만 어느 작가나 시인의 문학적 자취를 압축적으로 전시해 보여준다는 점에서 문학기행이 놓치고 있는 사료들을 보완해 준다고 하겠다. 최근에 활발해진 비석이나 문학관 건립은 그 규모나 자료의 보관 실태가 크고 방대해서 연구자나 애호가들을 만족시킬 만한 수준의 박물관 건립도 많아졌다. 문학에 대한 인식의 변화와 지방자치제에 따른 예산의 독립, 지역문화에 대한 자긍심 증대가 이러한 변화를 이끄는 동력이 되었을 것이다.

나의 고향에도 문학관이 세워져 있다. 그 규모가 작지 않고 관련 자료의 전시 방식도 재미있고 세워진 장소 또한 유서 깊은 산정이어서 특이한 문학관이 되었다. 많은 고향의 문인들의 글귀와 이름이 돌에 새겨져 있고 전시실에는 사진이 걸려있다. 거기에 등재된 문인들 본인은 물론 그것을 전시해 준 지자체 모두에게 문학예술에 대한 자부심과 긍지를 심어주는 일일 것이다.

그러나 고향에서 배출한 문인의 숫자가 다른 지방보다 많은 것은 자랑일 수 있지만 그들을 모조리 돌에 새길 일이었는지, 작가의 사고와 표현의 심미적 수준 또한 새길 만 했는지, 그가 이룩한 문학적 성취가 어느 정도의 수준을 지키고 있는지도 함께 고려했어야 했다. 그리고 무엇보다도 그의 예술적 생애가 종료되었는지 진행 중인지를 먼저 고려했어야 했다. 고향의 문학관에 새겨진 글귀와 전시된 사진들은 그러므로 고향사람들의 향토애요 잘못된 문화적 자긍심의 발로였다는 네서 그 한계를 드러냈다.

국내 문학관의 숫자는 어떤 기록에 의하면 현재 80여 곳이 넘는 것으로 되어 있다. 그러나 이는 어느 정도의 규모와 내용을 갖춘 문학관들이고 아직 공개되지 않았거나 공개 예정인 문학관이 즐비하다는 데서 우리 문학관들이 안고 있는 문제는 더욱 기진다. 규모나 자료의 양은 언제나 수정 보완 될 수 있는 문제이지만, 가령 보편적이고 항구적 가치를 보관하는 박물관 본래의 역할에 역행하는 최근의 추세는 우려할 만하다.

그것은 소영웅주의로 불리는 시인 작가들의 자아도취적 문학관(비) 건립의 유행이다, 사람의 이름을 돌에 새기는 일은 업적을 오래 기억하기 위함이므로 그 일을 할 수 있는 사람은 오직 타인만이 가능하다. 많은 돈을 들여 자신의 이름을 딴 문학상을 만들거나 집을 짓거나 비석을 세우는 일부 시인 작가의 행태는 오늘의 대중사회의 속물근성의 한 정점을 보여준다.

비문은 역사에서처럼 선택된 기록일 뿐만 아니라 보존해야 할 가치이다. 비문이야말로 한 생애의 과거이면서 미래에 대한 전망이어야 한다. 문화란 결국 세련되지 못한 것들과의 싸움에 다름 아니다. 자가 발전식 문학비는 돌에 새긴 정신의 허기일 뿐이다 문학비가 느는 것은 좋은 일이지마 난립하는 것은 주느니만 못하다. (2015)

빼끔담배

나는 담배를 조금 일찍 배웠다. 고등학교 졸업학년 때였을 것이다. 광주의 나의 하숙방은 문학 동아리 총각들 몇 명의 아지트이기도 했는데, 당시 우리가 뿜어낸 연기는 늘 방안에 가득 찼고 문을 열면 빨래줄처럼 빠져나가는 연기에 수인 아주머니는 그 때마다 혀를 찼다. 우리들은 시내의 서로 다른 학교에 다녔지만 시나 소설에 의기투합된 이른바 맹렬 문청들이었다. 그중의 한 사람이 학년만 같았지 나이는 두세 살이 많아 자신을 형이라고 부를 것을 강요하곤 했는데, 이미 골초가 되어 있었던 그가 우리에게 담배를 꼬나무는 법을 가르쳤다.

당시 나는 문제아는 아니었지만 결손 학생쯤으로 지낸 것 같다. 가슴은 늘 허기에 차 있었고 학교보다는 과외 활동에 합류했다. 작가 지망생으로서의 그 근거 없는 건방 끼는 도대체 어디서 온 것이었는지, 지금 생각해도 우습고 재미있다. 당시 나에게 담배는 작은 음모였고 성인식이었다. 가슴 속 깊이 빨아들이는 연기는 성년에 진입하는 나의 어설픈 자존이었는데, 담배를 피우면서 콜록대거나 연기를 목구멍 속으로 집어넣지 못하고 입안에서 우물거리는 놈들을 나는 비웃었다. 연기를 삼키는 대신 빨아대기만 하거나 입을 오므려 동그란 원을 만들어 허공에 내뿜기나 하면서 멋을 부리는 모습이 우스웠다.

"그건 뻐끔담배다."

나는 그들을 경멸했다. 남도의 바닷가 작은 읍내에서 중학을 마치고 도회지로 유학을 간, 4·19의 환희와 5·16의 절망을 어렴풋이 느끼고 있었던 시절, 『광장』의 첫 줄에 흥분하고 잘 곳도 쉴 곳도 없이 오지도 않을 『제8요일』을 기다리는 아그네시카를 안타까워했던 시절, 《학원》 대신 《자유문학》이나 《현대문학》을 옆구리에 끼고 충장로 거리를 배회하거나 영화 두 편을 동시 상영하는 재개봉관을 전전하며 하루 네 편을 뚝딱 해치우기도 했던 시절이었다.

담배의 멋이 맛으로 변해 버린 대학 2학년 때 결핵 판정을 받았다. 나는 그것을 담배의 해독으로만 생각하지는 않았으므로 담배는 예전대로 더욱 깊이 빨아들였다. 각혈이 심하지도 않아 휴학하라는 의사의 지시를 따르지도 않았다. 연말이면 돌림병처럼 찾아왔던 신춘문예에는 번번이 낙방했다. 대학은 나에게 문학은 책에서 배우는 것이 아니라는 사실을 가르쳐주었고 문학은 더 이상 약속의 땅이 아님을 보여주었다. 나는 여전히 문학에 열병을 앓았지만 등단이 늦추어지자 중독자의 자존심이 서서히 누추해지기 시작했다. 과의 친구들은 휘문이나 동두천상고 교사로 팔려갔고, 이쪽저쪽 눈치를 살피던 나는 이내 대학원에 들어갔다. 대학원은 그러므로 나의 결단의 소산이라기보다는 시간끌기의 어정쩡한 선택인 셈이었다.

대학원에 들어간 해에 반송된 엽서 같은 문예지의 신인상 당선통지를 받고 등단의 의식을 마쳤다. 그러나 나는 그때 논문에 각주를 달고 있었으며 문학 텍스트는 이미 거대한 하나의 인식의 덩어리로 변해 있었다. 하나의 작품이 인문적 관점과 사회적 자료에 의해 해부되고 분해되는 과정은 재미있었지만 공허감은 커지기만 했다. 대학원 세미나에는 동서고금의 문사철 유령들이 시도 때도 없이 출몰했다. 아리스토텔레스의 후예들이 길게 줄을 섰고 리얼리즘과 모더니즘의 싸움은 승부 없이 계속되었다. 프로이트와 마르크스가 목청을 높이는 사이, 담배의 맛은 사라지고 피어오르는 연기 속에서 콜록대는 기침소리와 허공에 동그라미를 쏘아 올리기 위해 빨아대는 빼끔질이 계속되었다.

텍스트와 담론들이 제각각 따로 놀고 작가와 작품들은 이산가족처럼 분리되고 있었다. 이론을 무기로 만들고 체험을 특허로 만들려는 시도는 끊이지 않았다. 캠퍼스 안에서의 문학, 오랜 세월 나는 그 중독과 해독에 시달렸던 것 같다.

창작과 비평은 이혼하지 못한 부부처럼 불편한 관계만을 계속했고, 삶의 부적절함을 해소하거나 질문하려던 나의 인문적 창의는 궁소한 것이 되었다. 권대도 습관인가. 내가 경멸했던 친구들에게처럼 지금 누군가가 나에게 지껄이는 소리가 들리는 듯하다. 그건 빼끔담배야. (2014)

우럭은 힘이 세다

변변한 취미생활을 해 오지 못한 나로서는 만만하게 낚시를 좋아한다고 말해서 앞자리에 앉은 사람의 사교적인 질문에 사교적으로 넘어갈 때가 있다. 물론 나에게도 취미라고 말할 수 있는 것이 아주 없는 것은 아니다. 가령 하루에 세 편 정도를 한 상영관에서 뚝딱 해치우는 영화보기라든가 한 달에 두어 번 인사동이나 사간동 혹은 청담동이나 과천 미술관을 순례하는 그림 감상 같은 것들이 있다. 그러나 영화 감상이 취미라고 말하면 상대방은 금방 장예모의 영상미학이나 폴란드의 영화학교에 관해 얘기를 붙여올 것이고 그러면 나는 곧 말을 더듬게 될 것이다. 좋아하는 만큼 아는 것이 없기 때문이다. 그림 감상이 취미라고 했을 때 상대방은 바로 아무개 화가의 작품을 화제로 삼을 것이고 그리고 나는 이내 절망할 것이다. 내가 그림에 대해 무지해서라기보다는 화가를 지망했다가 문학교수로 전락해 버린 지금의 자신을 떠올리는 것이 싫고 내가 그리다 만 그림을 저들이 다 그려버렸다는 절망감 때문일 것이다. 그래서 나는 고향의 강과 냇가에 얽힌 추억 때문에 낚시를 만만하게 나의 취미로 내세우기는 하지만, 이제는 그것도 시들해졌다. 그것은 올여름 내가 낚아 올린 한 마리의 우럭 때문이다.

나는 금년 연구년을 맞아 제주대학에서 교류교수 자격으로 한 학기를 지내게 되었다. 육 년마다 일 년, 혹은 삼 년마다 한 학기를 연구년이라 이름 붙여 사실상 휴가를 주는 이 제도야말로 대학에 재직하고 있는 사람들이 다른 직장에 대해 내세울 만한 유일한 자랑거리일 수밖에 없다. 연구실에 나오는 틈틈이 차를 몰고 해안도로를 드라이브하거나 갯바위에 올라 낚싯대를 던지는 재미가 보통이 아니었다.

나의 조력釣歷이야 미미하기만 하여서 뒤엉킨 낚싯줄을 푸느라고 많은 시간을 보내거나 가져간 밑밥이나 축내고 빈 그물로 돌아오기가 일쑤인데, 최근 나는 김녕으로 가는 해안도로 방파제에서 오랜만에 짜릿한 손맛을 보았다. 거무튀튀한 갯바위 색깔을 닮은 제법 묵직한 우럭이 걸려든 것이다. 손바닥보다 조금 큰 놈이었지만 야성의 그 우럭은 자신에게 가해오는 낯선 감촉을 거부하며 몸을 세차게 파닥거렸다. 어느 해 가을 대청댐의 밤낚시에서 누런 잉어를 걸어 올리던 때의 흥분이 되살아났다. 나는 기쁨에 차서 낚싯줄에 매달린 그놈을 찬찬히 쳐다보았다. 깊은 바닷속 바위틈을 유영하며 사냥감을 노리던 녀석의 부릅뜬 눈이 검게 빛나고 있었고 비늘은 거칠고 단단했다. 녀석은 쉬지 않고 낚싯줄이 끊어질 것처럼 온몸을 뒤치었고 몸을 흔드는 무게에 내 손바닥에 통증이 빠르게 전해졌다. 바닷속 깊은 곳 어느 바위틈에 스며 있다가, 아니면 어느 이역의 먼 길 떠나다가 문득 눈앞에 어른거리는 새우 한 마리를 덜컥 삼켜버린 탐욕. 무엇이 그리 급해서 녀석은 미끼를 던지자마자 그것을 덜컥 입에 물고 바위틈으로 도망쳤을까. 나는 이날의 노획물인 그 우럭을 집으로 가져갔다. 아내가 탄성을 질렀고 나는 프로 낚시꾼처럼 회를 뜨라고 그녀에게 명령했다. 캘리포니아산 와인을 새로 따고, 회를 먹으면서 우리는 건배했다. 매운탕 맛은 이날의 식사를 더욱 풍성하게 했다.

그리고 나는 그날 이후 그 우럭에게 걸려든 것이다. 매운탕을 먹으며 가시가 목에 걸리는가 싶더니 식사를 끝낸 후에도 그 가시는 목에 머물러 있었다. 나는 욕실로 달려가 목구멍에 손가락을 집어넣었다. 가시가 손에 닿지 않았다. 가래침을 뱉듯 침을 아래에서 위로 밀어 올려 보아도 소용이 없었다. 옆에서 김치를 말아주며 씹지 말고 삼켜보라고 했다. 그래도 목구멍의 가시는 끄떡도 하지 않았다. 사흘째가 되는 날, 나는 마침내 참지 못하고 동네의 이비인후과로 갔다. "우럭은 힘이 셉니다. 가시를 조심해야 합니다." 의사는 웃으며 말했다. 젓가락같이 생긴 기다란 대롱을 목구멍 깊이 밀어 넣고 이히 — 소리를 크게 내보라고 주문했다. 나의 목구멍의 내부가 TV 모니터에 짐승의 내장처럼 펄떡펄떡 움직이는 게 보였다. 온 힘을 다해 이히히하고 목구멍을 열어보았지만 가시는 화면에 나타나지 않았다. "안 보입니다. 아마 가시가 내려가다가 낸 상처 때문일 경우가 있습니다. 우선 소염제를 드시고 기다려보시지요. 웬만한 생선가시는 녹아서 밀려 내려갑니다만. 다음에는 하귀 쪽으로 가보시죠. 거기에 제법 씨알이 굵은 놈들이 올라오지요." 의사는 나에게 처방전을 건네며 하마처럼 입을 쩍 벌리고 웃었다.

일주일이 지나도록 가시는 그대로 남아 있는 듯했다. 나는 그동안 수없이 켁켁거리고 켁켁거리고 또 켁켁거렸다. 바닷속 어느 깊은 바위틈을 헤매다가 문득 뭍으로 끌려나온 우럭 한 마리가 마침내 나의 목을 옥죄고 있었었다. 그의 육신은 끓여지고 살코기는 잘게 썰어져서 나의 목구멍 속으로 넘어갔지만, 그러나 녀석은 자신의 죽음은 인정하되 나의 탐욕은 용서하지 않았던 것일까. 그는 목구멍으로 넘어가는 자신의 몸둥이 대신 다만 한 개의 가느다랗고 거센 가시 하나로 나의 목구멍에 빗장을 채워 놓은 것이다.

나는 우럭 한 마리의 죽음보다도 그 죽음의 수반물이 두려워졌다. 녀석은 자신의 질기고 날카로운 가시 하나로 자신의 죽음을 나에게 호소한 것이다. 그리고 그가 내 목에 만든 상처 때문에 그때서야 비로소 나는 녀석의 죽음을 '발견' 했다. 상처만이 서로를 이해할 수 있다는 말인가. 내 몸 속의 우럭이 마침내 내게 속삭였다. 지상에, 우리가 자초하지 않은 것은 아무것도 없다고.(2002)

공간의
위안

오랜만에 차를 몰아 고속도로를 달려 보았다. 고향 노인들의 문병을 위한 길이었는데, 자주 이용하던 기차를 버리고 운전대를 잡은 것은 그동안 무심히 스쳐 보냈던 풍경들을 좀 찬찬히 들여다보고, 귀경길에는 학교도 둘러보고 저수지로 향하는 그 구부러진 언덕배기라도 드라이브 해 볼 요량이었다.

문병을 하기 위해 달리는 자동차의 주행은 의무와 휴식이 적절히 혼합된 여행이어서 피곤함과 즐거움이 함께 따른다. 자동차를 운전하게 되면 창밖의 풍경을 자신이 만들어간다는 느낌이 들어 좋다. 풍경은 그 이동의 속도에 따라 거기에 관련된 사물이나 이미지들이 두서없이 몰려온다. 그 기억과 상상들의 광포한 어울림 또한 여행의 즐거움을 배가시켜 준다.

그러나 내가 이번 여행에서 경험한 혼란은 다소 당혹스러운 것이었다. 차가 톨게이트를 벗어나자 오랜만에 눈앞에 펼쳐지는 고속도로 주변의 풍경들이 정겨웠고 나는 습관대로 내가 설정한 속도를 즐기기 시작했는데, 기흥 안성을 지나친 지 얼마 되지 않아서였다. 조수석의 휴대폰 대화에 차 안이 조금 어수선하기는 했지만 천안—논산간의 고속도로 진입을 그만 놓친 것이다. 길을 놓친 것인지 잃은 것인지가 분명하지 않은 상태로 자동차는 '미호천' 을 지나고 호남고속도로로 접어들었는데, 이번에는 처음 보는 도로의 표지판이 나타났다. '남세종' 이라고 쓰인 그 도로 표지판이 가리키고 있는 곳은 내가 가 본 적이 없는 지상의 낯선 공간임이 분명했다.

생소함과 이방인 의식은 여행자가 누리는 특권이자 모험이라고는 하지만 이십사 년을 오르내렸던 조치원이 보여준 '남세종' 이라는 표지는 하나의 모르스 부호로 나에게 다가왔다. 나는 그동안 조치원을 고향으로 생각해 본 적은 없지만 '남세종' 이라는 부호를 대하는 순간 나는 고향을 잃었다고 생각했다. 우리 모두는 실향민이라는 인문적 수사가 아니라 나에게 조치원은 이미 기억 속의 공간으로 정리되어 있었다.

나는 내가 그동안 조치원에 편입되기를 노력한 만큼이나 그로부터 그만큼 떨어진 거리에 있었던 자신의 모순된 입장을 떠올렸다. 조치원이 세종으로 편입되었다는 것을 알고 있었지만 그것은 보도를 통해서였고 나의 기억의 창고에 저장된 공간은 아니었다. 차를 몰면서 나는 이십여 년 전 내가 설명한 조치원의 모습을 떠올렸다. 나는 그때 처음 마주한 이 작은 도시의 특산물을 안개와 복사꽃으로 지정하면서 그 지리적 특성을 이렇게 썼었다. "……조치원은 서울이나 부산 혹은 광주를 오르내리기 위해서 아니면 청주나 대전을 가로지르기 위해 반드시 '거쳐야' 하는 곳이다. 이처럼 어디선가 올라오거나 내려와야 하는 과정 속의 지점. 지상의 모든 마을이 다 그러하겠지만 그러나 조치원만큼 그 간이성을 잘 드러내고 있는 도시는 없다. 부산이나 광주는 서울을 그리워하는 것을 거부하거나 포기할 수 있는 곳에 위치하고 있으며 서울 또한 부산이나 광주를 그리워하는 것을 거부하거나 포기할 수 있는 곳에 위치하고 있다. 오르내리기가 쉽지 않기 때문이다. 그러나 조치원은 이 모든 거부와 포기의 중간 지점에 있다. 오르내리기가 쉽기 때문이다. 이 작은 도시는 그리하여 그만한 거리만큼씩의 안타까움과 망설임이 엉거주춤 머물고 있는 곳이다. 사람들은 그래서 이곳이 좋을 때는 서울에서 한 시간 반 '밖에' 안 걸리는 곳이라고 소개하지만 싫을 때는 서울에서 한 시간 반 '이나' 걸리는 곳이라고 소개한다. 이는 전적으로 그들 탓이 아니다. 서울이 우리들의 일상의 모든 욕망들을 담보하고 있기 때문이다. 인사동과 예술의 전당과 롯데백화점, 그리고 강남의 룸살롱과 8학군과 잠실운동장이 모두 서울에 있기 때문이다. 지리적 거리가 곧 문화적 거리임을 통속적으로 보여주는 사례가 거기에 있다" 운운이다.

나는 달리는 차 안에서, 나에게 조치원은 애초에 근무지이자 여행지였던 것은 아니었나 생각해 보았다. 여행이 새로운 공간으로의 이동인 바에야 이런 생각은 비록 나만의 것은 아닐 것이다. 통근 버스를 두고 굳이 자가운전을 고집했던 부임 초기의 나의 차 트렁크에는 항상 낚시 도구가 들어 있었고, 소형 카메라는 조수석 앞 서랍에 넣어둔 채였다. 강의가 끝나면 고복저수지로 달려가 낚싯대를 드리우거나 마곡사에 들려 산채나물에 막걸리를 곁들이던 정취, 굳이 고속도로를 피하여 삽교천의 구부러진 길을 따라 순례자의 모습을 흉내 내곤 했다. 이는 당시의 나의 근무 여건의 불공정과 불만에 대한 위무의 방편이었을 것이다. 내가 낚시를 좋아해서가 아니라 거기에 저수지가 있었고 답사를 좋아해서가 아니라 거기에 마곡사와 낙화암이 있었다. 근무 여건의 불편을 여행이나 답사로 위장하고자 한 것은 일종의 방어기제 혹은 보상심리의 일단이라 할 만하다. 그리고 그것은 조치원의 지리적 콤플렉스에 기인한 것이기 쉽다. 이러한 서울과 조치원에 대한 나의 공간 콤플렉스는 한동안 계속되었던 것 같다. 그러나 조치원에 대한 이러한 설명 방식은 잘못된 것이 분명하다. 지금의 세종 사람들의 의식 속에 혹시 이러한 소외나 경계인 의식이 남아있다면 그것은 문제라고 생각했다.

근무지와 여행지를 합성해 버렸던 나의 순례자의식은 조치원에 대한 과거의 부실을 말해준다. 조치원은 지역과 지역, 혹은 생각과 생각을 이어주는 과도기적 공간이 아니라 철저하게 독립된 절대적 공간, 정신의 허브로서의 차라리 유폐된 공간이었어야 했다. 유배나 망명이나 이민을 여행의 극단화된 한 형태로 들 수 있지만, 그리고 그것이 의무와 강압에 의한 것이었다 하더라도 거기에 대응하는 주체는 자유롭다. 스스로를 유폐시킨 자율적 공간은 사람의 의식을 명징하게 한다. 동서양의 문학사에서 나타난 수많은 작품들이나 지성들은 이 지리적 공간을 정신의 허브로 차용한 사례에 다름없다.

조치원은 간이역이고 환승역이지만 또한 출발점이고 목적지라는 인식은 중요하다. 조치원은 지나치는 공간이고 세종은 모여드는 곳이라는 생각 또한 편견임을 이제는 알겠다. 달리는 기차가 항상 원의 중심에 있듯이 지리적 공간이나 문화적 거리에 대한 주체적 자기설정은 중요하다.

문병을 마쳤으므로 올라오는 길에는 다른 곳은 들르지 않았고 이번에는 도로의 진출입 순간을 놓치지 않았다. 멀리 바라다 보이는 성곽처럼 둘러선 '세종'의 고층 건물의 무리를 지나칠 때는 문득 '조치원'의 안개와 복사꽃과 신안동 처녀귀신 이야기를 떠올렸고 그리고 그것들에 대한 그리움은 지울 수가 없을 것이라고 생각했다. 그것들은 이미 나의 기억의 하드웨어에 편입된 공간이었기 때문이다.(2012)

KULA 혹은

개교 100주년을 앞두고 학교가 부산하다. 각종 축하행사 학술대회를 비롯한 기념행사가 계획되어 있고 여기저기 시설물이 보완되고 신설되고 있으며 모교 발전기금을 위한 캠패인도 대대적으로 진행되고 있다. 캠퍼스의 소경이 나듬어지고 본관 앞 중앙광장의 100주년 기념 석조건물이 위용을 드러내기 시작했다.

학교 당국은 내년 100주년 기념파티에는 전통의 막걸리 대신 와인으로 축배를 들 계획으로 프랑스의 와인제조 회사에 고려대 개교 100년 축하 브랜드가 붙은 와인 2만 병을 특별 주문한 모양이다. 오래 동안 한국인의 사랑을 받아온 막걸리가 고려대학의 상징처럼 되어 왔는데 이번에는 와인 글라스가 막걸리 사발을 대신하게 되었다. 익살맞은 발상이다. 여기서 우리는 막걸리의 진정한 이미지가 훼손되는 것을 걱정할 필요는 없다. 그저 오랫동안 계속되어온 고려대학의 그 동안의 관습을 잠간 와인의 이미지로 바꾸어 봄으로써 세계화를 향한 고대인의 의지와 정서를 대신해 보자는 소박한 뜻으로 보아 넘겨야 할 것이다.

따라서 강의의 몇 퍼센트를 영어로 진행하게 하고 신임교수를 뽑을 때 영어로 강의가 가능한 자를 원칙으로 하는 규정을 놓고도 지나치게 흥분하지 말 일이다. 영어로 강의하는 한국인 교수의 영어실력도 심히 걱정이 되는 바이고 그 강의를 듣고 있을 한국학생의 영어버릇도 걱정이 되고 영어로만 살아온 외국인이나 한인 2, 3세들에게 들통 날 교수의 영어실력도 심히 걱정되고, 무엇보다도 모국어로 강의할 경우보다 차이가 날 수밖에 없는 지식의 전달량이 크게 걱정되는 바이지만, 그러나 이것도 그리 오래 염려하지 않아도 될 것 같다. 이 역시 세계화 국제화를 지향하는 학교당국의 익살로 보면 될 것이다. 영어로 강의하는 것과 영어교육을 강화하는 것은 전혀 별개의 문제라는 것을 학교당국이라고 모를 리 없을 것이고 막걸리를 와인으로 바꾼다고 안성 포도가 보르도 것으로 바뀌지지 않는다. 상징은 여러 사람을 같은 목적을 향해 일하게 해 준다는 점에서 중요하다. 그러므로 어떤 집단의 상징은 오랜 시간을 통해서 저절로 '형성된' 이미지의 집합이므로 함부로 뜯어고치거나 대체할 수는 없다. 그것은 자연스러워야 한다.

개교 100주년을 맞아 나는 그동안 잘못 사용해 오던 학교 이름도 고치고 고려대학교 LA 혹은 파리캠퍼스 같은 구체적이고 현실적인 Global KU의 설립을 건의하고 싶다. 외국에 나가 Korea University에서 왔다고 하면 당장 Korea의 어느 University

냐고 되묻는 질문을 경험했을 것이다. 그때마다 우리는 찬란한 문화를 꽃피웠던 Korea의 고대국가 Koryo를 설명하곤 했다. Korea는 음차된 것이고 Koryo가 맞다. 우리는 '고려대학' 이지 '한국대학' 은 아니지 않은가.

요즘 외국의 유명 대학들이 한국에 분교를 추진 중인 마당에 서울에서 불과 한 시간 거리에 캠퍼스를 하나 더 만들어서 '본교' '분교' 의식에 사로잡혀 학생유치에 아옹다옹 할 것이 아니라 한국의 역사 철학 문학 한의학을 강의하는 Korea University at LA 혹은 Paris를 만들어 강좌를 개설하는 일이 중요하다. 진정한 국제화는 안방에 들앉아 남의 것을 강의하는 것이 아니라 밖으로 나가서 자기 것을 강의하는 것이다. 지금은 모바일 시대이다. 전화기, 컴퓨터, 오피스와 마찬가지로 그라운드도 캠퍼스도 '이동' 하지 못할 것이 없다. 중국이나 캐나다의 외국대학에 한국인 유학생 기숙사를 지어주는 것도, 중앙광장에 웅장한 석조건물을 지어 100주년을 기념하는 것도 좋지만, LA나 파리쯤에 전진 캠퍼스(건물)를 확보, 미국과 유럽의 수많은 한인과 세계인을 유치, 한국문화의 보급과 정통성을 알리는 한국학의 중심 역할은 더욱 중요하다.

개교 100년을 맞는 우리는 막걸리를 와인으로 바꿔 마셔보는 일이나 영어로 강의해보는 일보다도 교명 표기 제대로 하고 캠퍼스도 확장, 이동해서 교수들의 해외캠퍼스 순환근무제를 활용해도 좋을 것이다.(2004)

미사일
성묘

청명과 식목일이 끼어 있는 4월은 모두들 성묘에 바쁘다. 새봄이 시작되니 춥고 어두운 겨울을 난 묘역의 안녕을 살피고 조상께 음복하고 경배하는 일은 오래된 우리의 연례행사이다. 임금이 조정의 벼슬아치와 고을의 수령에게 불을 나누어 주고 수령들은 이날에 다시 이 불을 백성에게 나누어 주면서 농사가 시작된다는 날. 묵은 불을 끄고 새 불을 기다리는 동안 밥을 지을 수 없어 찬밥을 먹는다고 해서 유래된 한식. 바쁜 일상에 쫓기면서도 이처럼 한식이나 추석 명절에는 어김없이 전국의 산야에는 성묘객들로 붐빈다.

천안 인근의 공원묘원에 나의 가족묘지가 있는데, 거기에는 부모님이 안장되어 있고 얼마 전에 죽은 아우가 납골묘에 입주해 있다. 원래 부친의 묘는 남쪽의 고향 선산에 있었지만 가족들 모두가 서울에 기거하는 바람에 오래전에 이 묘원으로 이장을 하게 되었고 모친과는 나중에 합류하게 된 것이다. 남쪽 끄트머리의 고향 성묘나 시제에는 빠질 때가 많았으나 요즈음은 서울에서 불과 한 시간 남짓의 거리에 있어서 아침에 나서면 점심 때 돌아올 수 있고, 아니면 상하행선을 지나는 도중에 둘러볼 수도 있다. 성묫길이 가깝고 간편해졌지만 잡초를 헤치며 숲속의 좁고 구부러진 비탈을 오르는 운치는 없어졌다.

바둑판처럼 늘어선 그 공원묘원에 들어설 때마다 나는 문득문득 어린 시절의 성묫길을 떠올리며 추억에 잠기곤 한다. 나의 성묫길은 늘 가파르고, 높고, 휘어진 소나무 길로 기억된다. 전쟁의 후유증이 아직도 곳곳에 남아있던 그 당시, 두 아들을 한꺼번에 잃은 나의 조부는 추석이면 문득문득 손자인 큰집 형과 나를 '성묘 심부름' 을 보내곤 했다. 젊은 나이에 죽은 당신의 아들들 묘에 어린 손자들을 그토록 엄하게 보내곤 했던 조부의 모습은 어른이 된 지금에야 더욱 눈에 선하다. 우리는 반 시간 남짓 탈탈거리는 시외버스를 타고 읍내를 벗어난 신작로에서 하차, 다시 반 시간 이상을 걸어 가파른 산봉우리에 누운 삼촌 형제의 묘를 향해 올라가곤 했다. 나와는 일곱 살 차이인 가형은 그때 고등학교 학생이었고 나는 초등학교 학생이었다.

그 해 추석 성묫길은 유난히 햇살이 따가웠고 길은 가파르기만 했다. 버스에서 내린 우리가 이내 숨을 헐떡이며 두 아버지가 누워 계신 비탈진 산등성이를 향해 한참을 올라가던 중이었다. 휘어진 소나무 숲을 지나 키를 넘는 으악새가 무성한 비탈길에 오르자 갑자기 형이 속삭였다.

"다리 아프지?"

그리고 그는 고개를 들어 산마루의 묘지 쪽을 향해 무언가를 찾고 있었다. 그리고 그는 이내 결심이나 한 듯이,

"우리, 여기서 절할까?"

하고 속삭였다. 그리고 그는 소나무 등걸에 앉아 숨을 헐떡이고 있는 나를 일으켜 세웠다.

"저어기, 저쪽을 봐."

그는 나의 키를 넘는 잡초들을 옆으로 밀쳐내며 손가락을 들어 먼 곳을 가리켰다. 그가 가리키는 곳에 얼핏 밋밋한 묘봉이 몇 개 보였다.

"이쪽을 봐. 왼쪽에서 두 번째, 세 번째 묘가 보이지? 두 번째 것이 큰 아부지, 세 번째 것이 작은 아부지 묘다."

형은 자신의 아버지를 큰 아부지, 나의 아버지를 작은 아부지라고 불렀다. 초등학교 운동장 대각선만큼의 먼 거리였지만 분명히 두 묘역은 그때 우리들에게 자신들의 둥그런 봉우리를 선명히 드러내 보여주고 있었다. 형이 이마의 땀을 훔치며 씨익 웃었고, 나는 말없이 고개를 끄덕였다.

우리는 억새풀들을 옆으로 쓰러뜨려 제단을 만들었고, 가져간 백주와 명태를 펼쳐놓고 엉거주춤 엎드려 두 번 절했다. 산정의 두 묘봉을 향해 쏘아올린 우리의 절은 포물선을 그리며 산새처럼 푸드득 날아가 두 아버지의 묘역 상석 앞에 사뿐 앉았다.

털털거리는 버스를 타고 집으로 돌아와 우리는 조부님께 이날의 성묘 경과를 보고했지만, 이날의 원거리 포탄 성묘에 관한 일은 이후 누구에게도 비밀에 붙여졌다. 훗날 나는 이날의 포물선을 그으며 날아올라간 성묘를 '미사일 성묘' 로 명명했고, 지

금 팔순이 가까운 가형은 그 얘기를 꺼낼 때마다 자신은 그런 기억이 없다고 웃기만 한다.

요즘의 망자는 죽어서도 아파트에 입주해야 할 만큼 각박해졌다. 거대한 산을 밀어 석축을 쌓고 생을 바둑판처럼 잘고 좁게 썰어놓은 묘원의 수많은 네모난 필지에는 새소리도 사라졌다. 산야가 묘원으로 변해가고 있다. 좁은 공간에 비석이 들어서고 석축의 넓이와 높이가 서로 경쟁을 벌인다. 망자의 땅 평당가가 산 자의 그것을 위협하고, 산 자는 산 자대로 매장, 화장, 수목장에 시달리고 있다. 그래도 성묫길은 이런저런 고즈넉한 추억에 잠길 수 있어 즐겁다. 산정을 향해 쏘아올린 우리의 절이 포물선을 그으며 산새처럼 푸드득 날아 올라가던 그해 추석의 미사일 성묘는 늘 나를 즐거운 회상에 잠기게 한다.(2011)

가족묘

산야의 꽃들이 제정신이 아니다. 예년과 달리 갑자기 시작된 봄철 이상고온의 영향으로 전국의 꽃들이 자신들의 일정을 보름씩이나 앞당겨 개화하기 시작했다. 예상보다 일찍 만개한 벚꽃에 놀란 각 지자체에서는 준비한 봄꽃 축제 일정을 앞당기거나 수정하는 소동이 벌어졌다. 사회적 혼돈이 좌우도 경중도 완급도 두서도 없이 이어진 때문인가, 자연의 이상 징후도 마침내 사회의 이상 징후에 맞장구치고 있는 형국이다.

대개는 혼잡을 피해 사월 하순에나 다녀오던 성묘를 올해는 조금 앞당겨 다녀왔다. 봄날 하오의 햇살이 흐릿하게 감싸고 있는 공원묘원의 잘게 썰어진 수많은 네모난 필지들은 생을 바둑판처럼 작고 좁게 정돈해 놓고 있었다. 나는 그때마다 이미 받아 놓기는 하였지만 차마 꺼내볼 수 없는 초대장, 안주머니 깊숙한 곳에 숨겨 두었던 '죽음' 이라는 이름의 초청인의 존재를 떠올리곤 한다. 죽음은 불청객이지만 그가 언젠가는 간밤에 내린 함박눈처럼 슬그머니 우리 앞에 찾아올 것이라는 생각은 다들 못하고 지내는 편리함. 성묘를 갔다가 문득 얼마 전의 한 작은 사건을 떠올리고는 나는 간지럼을 타듯 혼자 웃었다. 그것은 가족묘에 새겨놓은 아우의 이름 때문이었다.

천안 인근의 공원묘원 A 단지에는 이미 부모님이 분묘 방식으로 모셔져 있고, 다른 F 단지에는 얼마 전에 죽은 아우가 납골묘에 봉안되어 있다. 일간지 신문 두 페이지 크기의 검은 묘석에 사 형제 중 가장 먼저 입주한 아우의 이름과 생몰연대가 새겨져 있다. 부모님과 달리 자식들부터는 화장을 하기로 의견을 모아 사 형제 부부 8기를 안치할 석물을 확보해 놓은 것이다. 분양받은 납골묘에 맨 먼저 입주한 사람은 둘째 아우. 나는 그의 이름을 한글로 할까 한자로 할까, 명조체로 할까 고딕체로 할까를 고심하면서 관리사무소의 직원에게 서체와 글자 크기, 위치 등의 주문사항을 일일이 편집해 적어 주었다. 묘지명은 국·한문을 혼용하여 〈利川徐氏 가족묘〉로 결정하고 묘비명은 생략, 그 아래 공란에 사 형제 부부, 8인의 이름이 들어갈 공간을 마련해 두었다.

그러나 사 형제 중 가장 먼저 죽은 둘째 아우를 어느 위치에 새겨넣을까가 문제였다. 나는 비석의 이름들을 나이순이 아니라 입주순으로 새겨 넣기로 하고 맨 윗자리에 첫 입주자인 아우의 이름과 함께 생몰연대를 괄호로 묶어 가지런히 배열해 주었다. 아들과 며느리 여덟 명이 항렬별로, 나이대로 세상을 뜰 것도 아니어서 맨 윗줄의 '이천 서씨 서 아무개와 전주 이씨 이 아무개'

의 다음 줄에 바로 이어서 '차남 서 아무개(19XX—20XX)'의 이름을 맨 첫 줄에 등재했다.

가족묘 설치를 의뢰한 나에게 묘원 관리실에서 연락이 왔다. 공사가 끝났으니 입금을 바란다는 내용과 함께 계좌번호를 알려왔다. 나는 먼저 공사대금을 입금해 주고 그로부터 한 달이 지나서야 현장에 가볼 수 있었다. 〈利川徐氏 가족묘〉는 제법 예쁘게 주문한 그대로 글자가 새겨져 있었지만 아우의 이름과 생몰연대가 주문한 것과 달리 무려 두 줄 이상이나 건너 뛰어 새겨져 있어서 행간이 벌어진 사이가 성글고 썰렁해 보였다. 맨 위에 들어갈 장남 내외의 두 자리를 비워 둔 것이다. 심플하게 '레이아웃' 한 나의 아이디어가 전혀 반영이 되지 않은 채였다.

관리실에서 알려준 휴대전화로 나는 묘석을 만든 석공에게 항의했다.

"망자의 이름이 너무 아래로 내려가 있군요. 입주순이라 했는데 사이가 너무 떠서 보기가 안 좋군요."

그는 나의 얘기를 듣고는 다소 미안한 듯 사과했다. 그리고는 그것이 자신의 실수가 아니었음을 고백했다.

"항렬 먼저 생각하셔야죠. 이름들이 듬성듬성 해 당장 보기에 안 좋기는 합니다만……." 그리고 그는 빠르게 다음 말을 이어갔다. "곧 가지런해질 겁니다!"

석공은 웃었지만 나는 웃지 않았다. 삶과 죽음, 행과 불행을 한 사람은 '편집' 하려 들었고, 다른 한 사람은 '정돈' 하고 있었단 말인가. 아우의 이름 위에 들어갈 나의 빈자리가 후덥지근한 봄날 하오의 햇볕에 유독 넓어 보였다.(2010)

변시지

지난 8일, 화가 변시지 선생이 향년 87세로 타계했다. 서귀포에서 태어난 선생은 여섯 살 때 가족과 함께 일본으로 건너가 청년기를 보냈다. 약관 23세 때 일본 최고 권위의 '광풍회전'에서 최고상을 받아 유명화가 반열에 올랐고 전후의 혼란기에 귀국한 그는 서라벌예술대학을 거쳐 제주대학 교수로 근무하면서 고향에서의 작품 활동을 오랫동안 이어왔다. 현재 미국 워싱턴 스미스소니언박물관에 한국작가로는 유일하게 작품 두 점이 상설 전시되고 있다. 그가 남긴 500여 점의 그림은 제주에 건립을 논의 중인 미술관에 소장될 것으로 알려지고 있다. 그는 한 지역의 바람과 흙은 거기에서 나서 자란 예술가에게 어떤 의미로 나타나는지, 풍토는 어떻게 예술적 방법과 이념으로 승화되는지를 잘 보여준 사례가 되었다.

내가 그의 그림에 열중하게 된 것은 1980년대 후반이었는데, 오랜 일본생활 끝에 한국어에 서툰 그의 미술 에세이집을 교열

하면서 선생과 인연이 되었다. 그 후 어느 해 봄, 나는 서귀포에 내려가 선생과 이틀 혹은 사흘 걸러 만나 그의 그림과 인생에 대한 이야기를 듣게 되었다. 한 달을 머물면서 나는 그것들을 원고로 만들어 출판사에 넘겼다. 그 출판사에서는 마침 드가, 세잔느, 로트렉, 김환기, 장욱진, 이쾌대 등의 작고 작가들의 예술생애를 정리하고 있었는데 유일하게 생존 작가인 그를 미술문고 시리즈에 넣게 되었다. 그때까지만 해도 선생은 화단의 소위 중심인물의 자리에서 약간 벗어난 자리에 위치하고 있었다. 선생은 이후 책 제목으로 단 '폭풍의 화가'로 불리면서 대중에게 더 알려지는 계기가 되었다.

그의 그림은 초기에는 서양의 근대미술의 이념과 한국의 고궁에 대한 극사실의 기법을 반복하다가 제주에 정착하면서 황톳빛과 먹선의 세계로 급변하였다. 화폭에 담긴 절제되고 생략된 구도 — 한 마리의 바닷새와 동화처럼 비뚜로 걸린 태양과 쓰러져가는 초가에 기대어 망연히 바다를 바라보고 있는 허리 구부정한 사내와 돌담의 소나무 한 그루, 그리고 마침내 이 모든 것을 휘몰아치는 바람의 소용돌이 — 가 만들어내는 세계는 모두 황톳빛으로 열리며, 이를 묘사하는 먹선은 고졸古拙하면서도 역동적이었다. 그의 화폭에 나타난 이 원초적 적막감과 비애감은 제주의 풍정을 빌어 표현한 인간존재의 근원적인 상황과 다름없었으며, 그것을 드러내는 방식의 단순성과 저돌성에서 우리가 느끼게 되는 우주적 연민은 경이로웠다.

그는 작은 키에 베레모를 단정히 쓰고 지팡이를 짚고 다녔다. 그는 아예 세상살이에 소년처럼 천진무구했으며, 사람들 앞에서는 다소 수줍음을 타기도 했다. 텔레비전 화면에 구렁이가 나오면 아예 고개를 돌려버린다. 이러한 여린 심성 속에는 그러나 폭풍우와 격랑이 함께 일고 있음을 보게 되며, 한쪽으로 기우는 그의 걸음걸이에서는 양보할 수 없는 자신의 예술세계에 대한 도저한 집념의 행보를 보게 된다. 광기를 갖지 않은 천재는 없다고 하지만 그는 차라리 근면과 신념의 천재였다. 서구적인 것의 수용과 저항의 갈림길에서 자기예술의 정체성을 찾아 나선 그의 행보는 제주—오사카—도쿄—서울—제주로 이어지는 순례의 과정이 잘 보여준다. 선생의 이러한 구도자적 순례는 마침내 대지와 바람의 뒤섞임 속에서 황톳빛으로 열렸으며 이제는 그의 사상이 되었다. 선생의 그림처럼 예술과 풍토, 지역성과 세계성, 동양과 서양이 함께 어우러지는 희귀하고도 소중한 사례는 아직 없다.

그의 빈소는 소박하고 조용했다. 오후가 되자 문상객들로 조금 붐비는 것처럼 보였지만 나는 이내 옆집 상가와 방을 나누어 쓰기 위해 칸막이를 쳐놓아 공간이 좁아졌기 때문임을 알았다. 선생이 평생을 혼자 기거하던 서귀포의 작은 아파트, 검은색과 황톳빛의 물감과 캔버스로 가득 차 있던 그의 작은 작업실보다는 조금 넓어보였다. 그를 떠나보내는 사람들의 영결 의식이 제주의 고향사람들에 의해 사회장으로 치러지는 모습은 소박하지만 경건해 보였다. 장례의 크기란 살아있는 사람의 허영 때문이지, 죽은 사람의 영예 때문이 아님을 생각케 해 준 영결식이었다. 선생은 자신이 평소 모습처럼 문득 우리 곁을 떠났지만 그를 보내는 사람들의 소슬한 마음은 끝내 달래주지는 못했다. (2013)

공작도시

손상기(1949-1988) 25주기 회고전이 고향인 여수 문화예술공원에서 열렸다. 그는 척추장애에도 불구하고 고통과 절망을 그림으로 승화시킨 독자적인 작품세계를 구축해 화단에서 일찌감치 주목 받아왔다. 이번 전시에서는 여수에서 처음 공개되는 국립현대미술관 소장품 2점을 포함해 총 127점의 작품을 선보였다. 여수의 바다와 어시장 등을 배경으로 향토적이고 민속적인 분위기가 짙게 깔린 작품들이 초기작의 작품세계이다. 상경 이후에는 주로 판잣집이 밀집한 달동네, 변두리 풍경 등 도시의 음산하고 우울한 풍경들을 짙은 회백색과 암갈색의 기조, 거친 스크래치 등으로 표현했다. 불구의 몸으로 가난하게 살다가 일찍 죽었지만, 그의 짧고 아프고 진했던 39세까지의 삶과 예술의 전모를 보여주는 그림들은 세월이 가도 변함없이 더욱 아름답다.

그의 그림은 작가의 치열한 삶과 회화의 서정성이 아름답게 배어있다. 손상기는 자신을 '자라지 않은 나무' 로 비유했다. 어려서 나무에서 놀다가 떨어져 '꼽추' 가 되어버린 그는 일찍부터 열등감, 세상과의 격리감에 시달려야 했지만 그것은 이내 자신이 파고든 세계, '단 혼자만의 고독한 노동이자 천형을 입은 고통의 세계' 인 그림에 의해서 구원받는다. 검푸른 갯바위, 아득한 섬, 구수한 어시장, 파도가 일렁이는 고향 여수의 바닷가는 그의 회화의 서정적 바탕이 되었지만 그가 정작 주목한 것은 산업화로 치닫는 도시의 모습들이었다. 그는 다리의 통증과 호흡곤란, 신경통에 시달리며 자신의 '외봉 낙타처럼 생긴 등' 과 '5척에도 못 미치는 키' 를 자조했지만, 정작 그가 혐오하고 두려워했던 것은 자신의 육체적 불구가 아니라 오늘의 산업사회의 비인간화와 그 현장인 도시공간들이었다.

그의 〈공작도시工作都市〉 연작은 현대인의 삶의 불모성과 불구성을 그려낸 것으로 손상기 회화의 이념적 특성을 잘 드러내준다. 그의 냉기차고 기계적이며 황량한 도시의 풍경들은 우울하고 고즈넉하다. 무거운 어깨를 늘어뜨린 한 인물이 걷고 있는 골목의 가파른 돌계단, 그 옆으로 늘어선 판잣집과 슬레이트 지붕들, 거대한 잿빛 콘크리트와 황톳빛 담 사이로 난 가느다랗고 길다란 길(〈공작도시—귀가〉)은 원경으로 처리된 인물로 인하여 더욱 외롭고 고달파 보인다. 칼로 문지른 흔적들에 보이는 얼크러진 선들은 이 풍경의 삭막함과 고적함을 더해준다. 공사장 주변의 중장비와 차량들의 실루엣, 복잡하게 얽힌 교통 표지판, 입간판과 바리케이트와 철조망, 시들지 않은 꽃 등은 그가 즐겨 사용한 도시의 풍물들이었다. 〈시들지 않는 꽃〉 연작은 자라지 못한 그의 자화상인 동시에 통증마비의 도시에 대한 은유이기도 하다 그것들은 문명과 자연, 훼손된 세계 속의 자아의 모습을 드러내는 데도 의미 있게 차용된 소재들이었다.

〈공작도시—달동네〉는 우선 그 대담한 화면 분할이 돋보이는 작품이다. 형형색색의 집들이 닥지닥지 붙어 있는 달동네의 풍경이 거대한 돌더미 사이로 원경으로 들여다보이고, 병풍처럼 드리운 절벽은 가마득히 높고 불안하다. 그러나 이 위태로운 절벽 사이로 달동네의 집들이 문득 꽃이나 풀꽃더미처럼 화려하게 그 모습을 내미는 형상이 화면의 중심을 채우고 있다. 그것은 화면 전체를 짓누르고 있는 철조망을 두른 가파른 절벽의 절망감이나 황량함과 극적인 대조를 이루면서 단연 그 조형미의

역동성이 강조되고 있다. 이 구도의 아이러니에서 우리는 달동네 사람들의 질기고 아름다운 삶에의 집착과 동화를 보게 되는 것이다. 아울러 '공작도시'를 바라보는 작가의 따스한 시선에 공감하게 되며, 그가 바라보는 공작도시는 혐오와 공포의 대상이라기보다는 연민과 페이소스의 정감을 자아내게 하는 일상의 공간임을 느끼게 해 준다.

손상기의 그림은 강하고 진한 마티에르와 색채의 진정성이 만나는 곳, 빛과 어둠을 효과적으로 대비, 대조하는 곳에서 그 서정성과 메시지는 더욱 강렬해진다. 거칠고 급하게 다녀간 듯한 그의 붓놀림의 흔적은 그가 걸어온, 그리고 걸어가지 않으면 안 될 거친 인생의 행로 같기도 하다.

손상기의 그림을 일관하는 것은 풍경과 사물에 대한 작가의 긍정적인 시선이다. 그가 그리는 공작도시는 부수고 뜯어내야 할 공간이 아니라 더불어 살아가야 할 위무의 공간이다. 수없이 그어대고 긁어댄 붓과 칼자국이 남긴 청회색의 잔해들에는 도시적 삶의 우수와 권태가 짙게 묻어 있으며, 그것을 형상화하는 작가의 기법은 지극히 균제된 회화의 고전문법을 따르고 있다. 그러는 한편 손상기는 이러한 구상화가 통상적으로 빠지기 쉬운 서정 일변도의 단순한 조형성을 뛰어넘어 개인의 삶의 상처나 고통이 어떻게 사회적 공감대로 전이되는가를 보여주고 있다. 손상기에 이르러 우리는 비로소 현대 회화의 서정성과 사회성이 화해롭게 만나는 드문 경우를 경험하게 되는 것이다. (2014)

얼굴의 사회사

가나아트갤러리 기획초대전에서 〈권순철—얼굴 전展〉을 보았다. 작가는 현재 프랑스에 살면서 파리 근교에 작업실을 마련하고 있다. 전시 팜플렛에 프랑소와즈 모냉이라는 평론가가 "지난 40년 이래 그가 그린 얼굴들은……."라고 쓴 대목으로 미루어, 그가 사람들의 '얼굴' 에 매달려 온 세월이 꽤 오래 되었음을 알 수 있다. 물론 그는 회갑기념전이라는 타이틀을 붙이지는 않았지만 이번 전시는 아마도 그의 그동안의 작업에 대한 자기검증과 앞으로의 또 다른 시작에 대비한 하나의 계기를 마련할 단서로 삼고 있는 듯 보였다.

작가는 이 전시에서도 사람의 '얼굴' 에 대한 집요한 묘사와 해석을 통하여 그동안의 우리들의 삶과 역사에 끼어들었던 수많은 인물들의 이미지를 형상화하여 보여주고 있다. 그가 보여준 인물들의 얼굴 형상이 거느리고 있는 것은 한마디로 삶의 질곡桎梏에 관한 것이었다. 사람의 얼굴은 기쁨, 슬픔, 즐거움, 고통의 모습을 반복적으로 보여줄 뿐만 아니라 그들이 몸담고 있던 당대적 삶의 여러 조건들과 깊은 동기적 관련을 맺고 있기 마련일 것이다. 그러나 작가가 보여준 그 초상들이 우리에게 환기시켜주는 이미지는 일관되게 어둡고 무거우며, 아픔과 고통을 함께 아우르는 것이었다. 그리하여 거기에서 추출된 이미지의 집합들은 그들의 일상적 삶이 역사적 삶으로 환치가 가능한 것이 되게 하고 있다.

얼굴에 관한 수많은 잠언과 비유가 있다. 가령 발자크는 사람의 얼굴은 하나의 풍경이요, 한 권의 책이라 했고, 에이브러햄 링컨은 나이 마흔을 지낸 사람은 자기 얼굴에 책임을 져야 한다고 했고, 어떤 시인은 남자와 여자의 얼굴에서 하나의 신을 본다고 했으며, 피카소는 "저 사나이의 얼굴을 보라. 마치 현대의 세계와 같은 연배의 얼굴을 하고 있다. 어느 얼굴도 모두 이 세계와 같은 연령이다."고 설파했다. 그리하여 훌륭한 초상화는 일종의 전기傳記라 할 수 있으며, 얼굴이야말로 마음의 인덱스라 할 만하며, 조물주가 만든 걸작인 얼굴의 부위들 — 눈과 코와 입과 턱에서 우리는 그들의 마음과 의지와 욕망을 읽어낸다.

권순철의 얼굴 시리즈는 특정인물을 그리는 회화의 한 분야로서의 초상화와는 다르다. 사람의 얼굴이나 모습을 후세에 전하는 자화상, 두상, 반신상, 전신상, 군상의 모습을 묘사하는 것이 아니라 얼굴이라는 대상을 빌어 작가는 현실을 표현한다. 그것은 라파엘로나 루벤스 같은 바로크시대의 초상화와도 다르고, 조선조의 왕의 어진이나 공신상과 같은 그림의 사실성과도 다르다. 다른 분야에 비해 우리나라의 초상화가 탁월한 분야로 꼽히는 이유 가운데 하나가 인물의 정신세계를 표현했던, 이른바 전신傳神의 개념이 면면히 살아있다는 점에서는 일단 그의 인물들은 이러한 초상화적 전통에 닿아있다.

끈질기게 사람을 사랑하며 사람만을 그리고 조각하는 모딜리아니는 몇 점의 풍경화를 제외하고는 모두 인물만을 그렸다는데, 그는 거침없이 흐르는 유려한 선과 조각적이고 견고한 형태와 풍요롭고 정감 넘치는 색채를 통해 인간에 대한 깊은 애정을 표현했다. 모딜리아니는 인물의 눈과 코와 입의 구체적인 이미지를 통하여 인간존재에 대한 따스한 연민과 우수를 드러내 보이고, 과장된 단순함과 견고한 구축성으로 인간의 심리적인 특성을 강조하며 끝까지 인간성을 추구한 작가였다.

권순철은 그러나 모딜리아니와 달리 그가 그린 것은 개인이 아니라 익명의 얼굴들이다. 일반적인 초상화들이 지니는 다양한 분위기와 인간의 성격과 심리묘사와는 다르게 일관되게 하나의 세계를 보여준다. 그것은 사회적이며 원초적인, 노동과 고통과 강렬한 죽음의 이미지와 연결되는 세계이다. 앞의 해설에서 모냉은 "권순철이 붓이나 목탄을 들고 작업에 들어가면 세 개의 주름, 두 눈썹, 뾰쪽한 턱, 시선의 균열 등 몇 개의 선만으로도 충분히 지극히도 한국적인 불멸의 얼굴이 드러난다."고 하였다. 작가는 시골에 있는 사람들의 얼굴에서 한국인의 정체성을 찾을 수 있다고 보았으며, 그들의 노동과 고통, 시간 속에서 영혼의 아름다움이 드러난다고 하였다. 그가 찾는 것은 역사의 아픔보다 더욱 강한 그 무엇인바, 맑은 영혼의 소유자인 농민들

이야말로 아름다움의 수호자라 하였다.

그러나 권순철의 얼굴은 농민의 그것이라기보다는 한국인의 얼굴에 더 가까운 것이었다. 그의 그림을 처음 보면 거북해지고 오래 들여다보고 있으면 아파진다. 웃기보다는 찡그리기에 더 어울리는 얼굴들, 기쁨보다는 슬픔을 드러내기에 적절한 얼굴들, 희망보다는 절망을, 삶의 이미지보다는 어둡고 깊은 죽음의 이미지를 드러내기에 더 어울리는 얼굴들, 그리하여 마침내는 한 점의 살코기나 머리 없는 가슴패기로 남아 스러지는 영혼들 — 권순철이 그린 얼굴들은 그 선과 점과 색채의 조합이 이루어낸 바로 우리들의 초상이었다. 검은 선들의 깊은 어둠으로 파인 눈과 입과 코의 형상은 하나의 슬픔과 고통의 흔적으로 남는다. 목탄의 거친 계곡들을 따라 올라가자면 말라붙은 대지가 나오고 그 벌어진 밭이랑 사이로 삶의 질곡 혹은 균열은 더욱 두드러진다.

권순철의 〈얼굴〉은 우리들의 일상의 얼굴이 하나의 역사로 전이되어가는 과정을 잘 보여준다. 주름이 깊게 패인 한 인물의 찡그린 얼굴은 검은 휘장을 배경으로 하고 있으며, 황톳빛과 흑색의 교합 속에 그것은 목 부분이 생략된 채 어둠 속에 떠 있다. 슬프고 아름다운 한국인의 이 초상 앞에서 우리는 외침과 전쟁과 분단과 억압의 역사를 '읽어낼' 수 있다. 탄압과 고문과 학살과 억압의 역사가 한 인물의 얼굴에 모두 투영되어 나타나기를 기대하는 것은 무리일 것이지만, 작가가 사용한 질료와 색조의 처리방식에서 우리는 충분히 그러한 징후들을 감지해 낼 수 있다. 상반신이 푸르스름하고 소름이 돋는 이물감을 동반한 채 불태워진 광물질의 이미지로 떠 있을 때, 우리는 작가의 비극적 세계인식의 한 절정을 보게 된다.

작가는 "나에게 고통은 다른 무엇보다 그리기가 쉽습니다. 거기에 더 익숙해 있으니까요." 라고 말한다. 그리고는 언젠가는 예수의 얼굴 혹은 부처의 얼굴을 그리는 데 성공하고 싶다는 꿈을 말한다. 한국에서 어린 시절을 보냈던 어린아이의 얼굴을 그리고 싶다고도 했다. 오직 아름다움과 진리만이 담긴 얼굴을 그리겠다는 작가의 소망은 그러나 언제쯤 가능할 것인가. 아픔은 치유되는 순간이 아니라 상처를 끌어안고 있는 순간에 진실이 담긴다. 우리가 상처에 대해 관심을 가지는 것은 그것을 치유하기 위해서보다는 아마도 함께 아파하기 위해서일 것이다. 상처의 마주침이야말로 존재에 대한 자기 확인이 될 것이다. (2004)

공간의 은유

나는 강의를 위해 매주 2, 3일 조치원을 오르내린다. 조치원은 광주에서 두 시간 반, 부산에서 세 시간 정도 '올라와' 야 되고, 서울에서는 120km, 기차로 80분, 자동차로 한 시간 반 정도를 '내려가' 야 하는 지점에 위치하고 있다. 조치원은 서울이나 부산 혹은 광주를 오르내리기 위해서, 아니면 청주나 대전을 가기 위해 반드시 '지나가야' 하는 곳이다. 이처럼 어디선가 올라오거나 내려와야 하는 과정 속의 지점, 지상地上의 모든 마을이 다 그러하겠지만, 조치원만큼 그것을 적절히 간섭하고 있는 도시는 없다. 부산이나 광주는 서울을 그리워하는 것을 거부하거나 포기할 수 있는 곳에 위치하고 있으며, 서울 또한 부산이나 광주를 그리워하는 것을 거부하거나 포기할 수 있는 곳에 위치하고 있다. 오르내리기가 쉽지 않기 때문이다. 그러나 조치원은 이 모든 거부와 포기의 중간 지점에 있다. 오르내리기가 쉽기 때문이다. 이 작은 도시는 그리하여 그만한 거리만큼씩의 안타까움과 망설임이 엉거주춤 머물러 있는 곳이다. 사람들은 그래서 이곳이 좋을 때는 서울에서 한 시간 반밖에 안 걸리는 곳이라고 소개하지만, 싫을 때는 서울에서 한 시간 반이나 걸리는 곳이라고 소개한다. 이는 전적으로 그들 탓이 아니다. 서울이 우리들의 일상의 모든 욕망들을 담보하고 있기 때문이다. 인사동과 대학로 예술극장과 롯데백화점, 그리고 룸살롱과 8학군과 잠실운동장이 모두 서울에 있기 때문이다. 지리적 거리가 곧 문화적 거리임을 통속적으로 보여주는 사례가 거기에 있다.

조치원은 얼핏 보아 서울의 영등포나 미아 삼거리의 한 대목을 옮겨놓은 것처럼 보인다. 무단가출한 처녀의 엉덩이처럼 되바라져 보이기도 하고 치마 자락 흘러내리는 여인네의 뒷모습처럼 어수선해 보이기도 한다. 조치원은 그러나 멀리서 보면 움직이는 것은 오직 실뱀처럼 도시를 길게 상하로 무질러 가는 기차뿐이다. 이 기차의 이동을 제외하면 마치 긴 침묵이 고여 있는 늪지대 같다. 멀리 미호천과 샛강으로부터 진주해 오는 안개의 군단軍團은 이곳의 우울한 명상과 고즈넉한 평화의 시간을 보여준다. 이곳의 안개는 사람들을 늘 혼돈과 환상의 시간 속으로 몰아넣곤 한다. 대기 속을 연기처럼 부유浮遊하는 그 안개는 나를 늘 과거의 무질서와 절망과 혼돈과 방황의 시간 속으로 이끌곤 하는 것이다. 가령 어느 이른 새벽, 간밤에 마신 술이 덜 깨어서 문득 잠에서 깨어나 창문을 열었을 때, 눈앞에 드리운 가볍고 비세한 하얀 포말들의 부유 — 속삭이며 흐느적거리며 창틈을 비집고 들어오는 그 안개뭉치는 간밤에 몰래 내린 함박눈처럼 나를 당혹스러운 기쁨 속으로 몰아넣는 것이다.

조치원의 아침 안개는 지상의 나무와 집들과 창문과 전봇대와 사람들의 어깨 위에 서리는 것인지 끼이는 것인지 내리는 것인지가 분명치 않다. 그것은 시간과 모양과 색깔과 이동하는 방향에 따라 다르다. 그보다도 그것을 바라보고 있는 자의 정서에 따라 서리거나 끼이거나 내릴 것이다. 국문과의 K 양은 "안개는 '내린다' 는 말 외의 다른 표현이 없다" 고 썼고, P 군은 "그것은 케니지의 색소폰 소리처럼 끈적끈적하게 달라붙는다" 고 썼고, L 양은 "내려와 쌓인다" 고 썼다. 그들은 안개 없는 조치원을 상상할 수 없노라고 말하고, 안개가 걷힌 어느 날, 때가 되면 조치원을 떠날 것임을 안다. 그리고 그들은 바람에 날아가 버린 자신들의 몸에 묻어 있는 안개의 분말과 기억나지 않는 안개의 냄새를 그리워 할 것임을 예감하는 것이다.

안개에 휩싸이고 보면 당혹스럽고도 즐겁다. 그 당혹스러움이란 우선 아무것도 볼 수 없기 때문이요, 그 즐거움이란 이내 무엇인가가 보이기 시작한 때문이다. 안개의 이러한 장난이야말로 그윽한 환희의 순간이다. 안개가 뽀얀 이슬비를 타고 내리는 순간이나, 자욱히 피어나면서 줄을 짓는 시간, 혹은 안개가 서서히 사라져 가는 시간이 바로 그 순간이다. 허공에 매달린 바알간 신호등이 흐릿하게 반짝이고 땡땡거리는 소리가 들리면, 이윽고 긴 막대가 가슴 깨를 막아선다. 흐릿한 안개 속에서, 서서히 도시를 가로지르는 기차의 동체를, 이때처럼 자세히 들여다보는 때는 없다. 열차의 옆구리에 쓰인 '부산—서울' 혹은

'서울—목포' 라 쓰인 표지는 문득 우리로 하여금 그 기차에 편승하도록 유혹한다. 건널목의 막대가 거두어지고 다시 발걸음을 옮기면 교회의 첨탑과 읍사무소와 대서소와 금성대리점과 표구점과 우체국과 장의사가 차례차례로 시야에 나타난다. 그것들은 시간도 아니고 공간도 아닌 채로 무심히 어깨를 비비고 서 있다가, 문득 그 대낮의 우리들의 망각과 무관심을 일깨워주듯 '여기에 죽음이 있노라' 고 자신의 위치를 주장하는 것이다. 아직 문이 잠긴 채 '근조謹弔' 라고 쓰인 가게 안의 몇 개의 지등紙燈들이 공중에 매달려 있는 것이 문틈으로 보이고, 그럴 때면 나는 어김없이 한 세상을 건너가는 이름 모를 어떤 얼굴을 떠올리게 되고, 어깨 위로 내려와 쌓이는 안개의 무게를 느끼게 된다. 이윽고 간밤에 우리가 순례하였던 카페 〈하얀섬〉과 〈리츠〉가 소복한 여인으로 우리 앞에 나타나면, 지난밤의 우리들의 말의 성찬盛饌과 열락悅樂의 순간들이 서서히 안개의 시간 속으로 사라지는 것을 목도하게 되는 것이다.

우체국 입구의 돌계단 아래에 얼룩진 토사물의 크기는 우리를 소슬한 심사로 빠져들게 한다. 그 토사물의 임자가 간밤에 토해낸 것은 마른 오징어처럼 질긴 삶에의 열정과 소주처럼 맑고 투명한 슬픔의 찌꺼기였을 것이다. 〈보카치오93〉 혹은 〈위험한 노출〉이라고 쓰인 왕성극장의 동시상영 포스터 — 첫새벽 안개 속에 떠 있는 벌거벗은 여인의 앞가슴의 크기는 이 도시의 문화적 허기와 그 통속성을 동시에 보여준다. 재개봉관의 매표소 앞을 기웃거리는 사람들의 뒷모습에는 늘 타야할 열차를 놓쳐버린 지각한 승객의 쑥스러움이 서려 있곤 하였다.

안개는 펑펑 쏟아지는 함박눈을 보고 함성을 내지를 때와는 다른 정서로 우리를 간섭해 오는 것인데, 이 작은 도시의 집들과 나무와 사람들의 어깨를 핥으며 어루만지며 감싸고도는 그 모양의 처연함은 이처럼 우리를 고즈넉한 비감 속으로 몰아넣는 것이다. 그것은 음악과 같이 시간상으로 움직이며 그림과 같이 공간상으로 우리 앞에 나타나곤 한다. 그리고는 여인의 치맛자락처럼 너울거리며 산등성이와 나무와 전봇대 위를 스치는 바람을 타고 사라지는 것이다.

안개는 수많은 이미지들이 만들어낸 냄새나지 않은 화공약품이며 지상의 떠도는 은유隱喩이다. 그리하여 안개 속의 사물과 인간은 자신의 모습을 드러내되, 그것을 우리로 하여금 '발견' 하도록 해 줌으로써 자신의 존재를 소중한 것이 되게 하고 그것을 찾아낸 자의 기쁨을 배가시켜 준다. 안개는 우리를 모호함과 무분별 속으로 이끄는 것이 아니라 그것으로부터의 해방을 가르쳐 준다. 우리가 찾아야 할 것, 보아야 할 것들은 사실은 무엇인가가 그것을 가리고 있었음을, 무엇인가가 가리워져 있는 것만이 우리가 찾아야 할 무엇이었음을 일깨워 주는 것이다.

아침의 안개가 낮의 뜨거운 태양을 예비해 주는 어김없는 약속의 시간이라면, 안개가 걷힌 대낮 풍경의 절정은 무엇보다도 이 도시의 외각을 둘러싸고 있는 복숭아나무의 도열에 있다. 그것은 우리를 또한 고즈넉한 평화의 시간 속으로 이끄는 것인데, 그 침묵의 공간은 도시의 중심가로부터 불과 1㎞를 벗어나지 않은 거리에 있다. 역 구내를 가로지르는 기다란 육교를 건너고 목욕탕과 교회와 소금구이 집과 군청 청사를 지나면, 지금까지의 도심의 훤소가 한낮 거짓말이었음을 보여주는 풍경이 거기 있다. 조치원의 과수원은 얼핏 마을의 외각을 둘러싸고 있는 것처럼 보이지만 자세히 보면 마을들이 그 속에 은밀하게 숨어 있음을 볼 수 있다.

복숭아의 매력이란 그 꽃과 열매의 명실상부한 심미적 결합에 있다. 이 요염한 도화의 미는 예로부터 사랑을 받아 도화성모桃花聖母니 도화랑桃花娘이니 하는 여성 이름이 있었고 특히 기녀의 이름에 자주 등장했다. 조치원의 도화꽃은 사월의 중순쯤에 자신의 모습을 보여주는데, 그 그윽한 아름다움은 그림처럼 나타났다가 거짓말처럼 사라져버린다. 그 기간이 불과 일주일을 넘지 않기 때문이다. 도화꽃은 '붉다' 와 '바알갛다' 와 '검붉다' 를 뒤섞어 놓은 그 적색의 농담濃淡으로 인하여 더욱 그윽하고 은밀하며 때로는 도발적으로 보인다. 이때쯤이면 이 도시의 낭만주의자들은 과수원의 언덕을 함께 오른다. 그들은 손에 술병을 들고 머리에는 자신의 시편들을 이고 간다. 옛 시인의 풍류를 흉내내기 위해서이다.

그러나 어느 해부터인가 나는 그 복숭아밭의 산책을 중지하였다. 그 복숭아밭이 문득 나의 슬픔의 텃밭으로 변해버린 탓이다. 그해 여름, 어머니는 나에게 말씀하셨다.

"아범아, 조치원에 가거든 동쪽으로 뻗은 복숭아나무 가지를 하나 꺾어 오너라."

"무얼 하시게요?"

"쓸 데가 있다. 꼭 동쪽으로 뻗은 가지여야 쓴다."

그때 나는 비로소 나무木 변에 점괘兆자를 합성한 桃(복숭아

나무 도) 자를 떠올렸고, 그 무렵 과거의 우울과 현재의 울분을 머리에 이고 골방에 틀어박혀 있었던 아우를 떠올렸다.

"그 가지를 썰어서 그놈 베갯잇 속에 넣어 둘란다. 예삿일이 아니다."

어머니는 그윽이 울었다. 나는 과수원으로 달려가 동쪽으로 뻗은 복숭아가지 하나를 주인 몰래 꺾었다. 가지를 꺾어들고 눈자위의 눈물방울을 훔치며 나는 그 여름의 햇볕 속을 망연히 걸어다녔다. 그리고는 꺾어든 복숭아나무 가지 끝에 묻어 있는 귀기鬼氣에 문득 여름 감기에 걸린 사람처럼 어깨를 떨었다. '동쪽으로 뻗은 복숭아나무 가지'는 그 후 어머니의 샤머니즘의 손길에 의해 잘게 썰어져서 아우의 베갯잇 속에 몰래 넣어졌다. 그해 여름에 대한 기억은 그 후 나를 오랫동안 우울한 상념에 빠지게 했는데, 꽃의 은은함과 열매의 싱그러움이 울적한 삶과 슬픔의 알갱이로 전이되는 그 상호작용이 신기했다.

자연의 책은 우리에게 생성과 소멸 혹은 시간의 순환 원리를 가르쳐 주지만, 그것은 이처럼 우리들의 삶의 열락과 슬픔의 사연들에 따라 비밀스런 은유로 돌변하는 것이다. 지상에 내리는 안개와 그 사이에 낮게 엎드린 집들을 둘러싸고 있는 복숭아나무의 행렬은 이 도시가 연출하고 있는 작은 평화의 한 장면이다. 나는 그때마다 이 작은 도시에서의 배회와 몽상이 그 풍경과 어울려 있고 그것들이 합치되는 소중한 시간에 도달하는 것을 경험하는 것이다. 물론 그 풍경들은 우리의 마음의 상태에 따라 다양해지는 것인데, 관찰자인 우리들의 오역誤譯만 없다면 결코 환상적이지도 않을 것이며, 역전 과일가게 앞에 나뒹구는 포장

지나 육교 난간의 조야한 페인트, 그리고 과수원 위의 구름의 갑작스런 이동은 모두 그대로 존재할 뿐, 다른 것으로 가장되지도 미화되지도 않을 것이다. 그런 점에서 풍경들은 그 자신 스스로 표현하게 하지 않는 한 '벙어리' 에 불과하며, 이 때문에 일단 자연은 예술보다 저급하다고 할 수 있다. 그러나 이 도시의 풍경들은 보는 이의 번역에 따라 그 흐트러진 모습들이 하나의 형식을 갖추게 된다. 예술이 자연보다 더 구조적이라는 명제에 부합되는 이 순간들이야말로 이 작은 도시가 은유적 공간으로 변화하는 때이다.(1993)

창작과 비평

문예작품이 예술이라는 데 의심할 여지가 없듯이, 문예비평이 예술이 아니라는 데 또한 의심의 여지가 없다. 그러나 문예비평이 학문인가 하는 데에는 다소간의 의문이 제기되어 왔다. 문학은 슬기는 대상이지 따지는 대상이 아니라는 섬, 지극히 개인적인 천재성이나 개성의 발로인 예술품을 객관화, 체계화, 일반화를 속성으로 하는 학문의 영역에 포함시킬 수 있는가 하는 의문이 그것이다.

똑같은 예술작품에 대한 두 개의 상이한 체험이나 평가가 공존할 수 있으며 그중 어느 것도 완전한 오류가 아닐 수 있다는 데서 비평의 객관성(!)은 의심 받게 되지만, 그것은 옳다 그르다가 아닌 관점과 기호의 문제이며 정서의 문제이다. 상이한 두 개의 체험이나 평가가 공존하는 장이야말로 예술작품의 창조자나 수용자가 함께 누리는 삶의 고양화의 한 형태이다. 그러므로 문학이 다루는 다양하고 복잡하기 짝이 없는 여러 가지 양상의 삶의 모습들은 어차피 인간의 그것이며, 그 인간 개개인은 그가 속한 사회 속의 일원이라는 데서 좀 더 높은 차원의 인간과 사회에 대한 객관화, 체계화, 일반화의 성찰이 가능한 것이라 하겠다. 문학이 언어라는 약속체계를 수단으로 인간의 문제를 다룬다는 데서 어차피 인문학의 일부로 수렴될 수밖에 없다. 따라서 문학은 창작가의 열정에 못지않게 비평가의 냉정의 대상이다.

비평이란 현대사회의 예술영역에 중요한 몫을 담당하고 있는 예술의 부속물이다. 예술의 부재를 개탄하는 비평이 있을 수도 있겠지만 본질적으로 비평은 예술작품에 부수되어 나타나는 정신활동의 하나이다. 요즘처럼 걷잡을 수 없고 때로는 난삽하기 짝이 없는 예술작품들이 쏟아져 나오는 때일수록 작가와 감상층을 매개하는 중개인의 역할이 중요하다 하겠다. 한 폭의 그림을 놓고 입체감이 없다고 말하는 비평가와 제 발가락 하나도 제대로 못그리는 주제에 입체감이 없다니 하고 되받아치는 예술가는 일단 표면적으로는 대립되어 있는 것처럼 보인다.

그러나 수용자의 내부에 잠깐 떠올랐다가 사라져버린 작품에서 받은 감정, 관념, 이념을 의식화 체계화시키는 일은 물론, 그 세계관적 근거나 삶의 문제까지 파고들어 해석하는 비평가의 기능은 중요하다. 그는 문필가이면서 동시에 삶의 문제에 대한 해석가이며, 이런 점에서 예술가의 영역에 동참하고 있다고 할 수 있다. 비평가란 예술작품의 생산과 소비 사이에 서서 보편타당한 가치를 들추어내고 그때그때의 예술적 현상을 통합하고 간섭하는 전문가이다. 따라서 비평가로서의 우리에게 이상적인 타입은 문학작품에 대한 재판관이 아니라 이상적인 독자이어야 할 것이다. 여기서 이상적인 독자란 작품에 나타난 것을 인식할 수 있도록 해 줄 능력이 있는 사람을 말한다. 그러나 실제에 있어 이러한 이상적 상황이란 그리 흔하지 않다. 비평에 관한 중요한 쟁점들이 바로 여기에 포함되어 있다고 해도 지나친 말이 아니다. 무엇이 올바른 해석이냐가 문제이지만 올바른 해석이 무엇이냐가 또한 문제이다. 지식과 사회경험과 넓은 사고의 영역을 갖추고 거기에 감수성이라는 재능까지 갖추어야 올바른 해석을 낳을 수 있고 그때에 비로소 그는 바람직한 비평가일 수 있기 때문이다.

요즈음의 한국문학 일반에 대한 비평 활동의 대부분은 저널리즘이 안방을 차지하고 있다는 혐의가 짙다. 저널리즘이란 문학 자체보다는 문학에 관한 사건을 주로 논평함으로써 감상층을 끌어들이는 일에 주력하는 것이다. 이는 본격적인 예술비평이 기울이는 문학적 탐구와는 선석으로 다른 것이다. 현대사회가 저널리스트의 세력이 커지기에 매우 적합한 구조적 특성을 지니고 있다고 하지만, 이들의 시사적이고, 단편적이고, 흥미촉발적인 코멘트가 가져오게 되는 엄청난 대중선동의 효과를 경계하지 않는 한 비평의 존재가치는 점점 더 훼손될 수밖에 없다.

저널리즘과 마찬가지로 비평은 본질적으로 시사적인 것이다. 그렇다고는 하나 현재의 이념이나 가치는 과거의 그것에 대한 발전적 계승이거나, 새로운 창조의 영역과의 조응을 통해서만 가능할 것이다. '있는 것' 을 들추어내는 비평은 어렵지 않지만 '있어야 할 것' 을 들추어 보이는 비평은 쉽지 않다. 요즈음의 한국의 문학계에 보이는 문예비평이 주로 저널리즘에 의해 통제되고 있다는 혐의는 베스트셀러 작가와 작품, 문학출판물의 생산과 소비형태, 문학상의 균등배분, 문학단체의 비문학적 활동 따위에서 그 구체적인 증거를 댈 수 있다. 이러한 현상은 좀 더 넓고 긍정적인 관점으로서 문학사회학의 일부로 고찰의 대상이기도 하지만, 예술의 본령과 비평의 임무에 크게 저해되는 조야한 문단적 실정과 다를 바 없다. 비평이란 무엇보다도 자신의 독립성을 강조하는 데서 출발하는 근엄하고 냉정한 정신활동인 것처럼 보이지만 그리고 때로는 독재적 성격까지 띠면서 자신의 존엄성을 강조하는 것처럼 보이지만, 실제에 있어서는 생산자(출판사 혹은 작가)의 하수인의 기능을 떠맡고 있는 경우가 많다. 비평의 명성이 높아지고 그 기능이 강화되는 것은 감상층이 민주화되고 평준화되어 간다는 증거라고 말할 수 있는 바, 이는 오늘의 우리의 비평계로서는 다소 요원한 얘기일 수밖에 없다.

한편으로 생각하면, 비평의 이러한 세속화 과정은 현대 산업사회의 예술작품의 생산과 소비의 과정에 깊게 관련되어 있는 것처럼 보인다. 기계적 복제술의 발달과 산업화에 따른 개인의 이기화, 가치의 저하, 취미의 통속화 추세는 비평가만을 따로 고상한 자리에 남아있도록 허락하지 않는다는 속사정 때문이다. 그러나 비평이 예술 활동에 끼어들 수 있는 유일한 정신의 독자성이란 물론 이들로부터 본래의 냉정성을 회복하는 일이다. 상을 골고루 나눠주는 행위란 일차적으로 비평 행위의 타락을 가장 확실하게 보여준 예가 된다.

물신화와 상업화는 예술의 몰락을 예고하는 가장 대표적인 개념이다. 문학상이 잘못 주어지는 경우와 나눠주어지는 경우는 비평의 전혀 다른 두 측면의 실수다. 잘못 주어지는 경우는 오판의 결과이지만 나눠주는 것은 상업의 결과이다. 오판은 그것대로 비평의 하나이지만 상업은 비평의 포기이다.

창작과 비평의 조화로운 관계에 끼어드는 또 하나의 반예술과 정신의 타락현상은 이른바 통속예술의 범람이다. 통속예술이 산업사회의 불가피한 부산물이라는 데는 의심할 여지가 없고, 그것이 오락적 요소와 긴장해소의 생리적 심리적 순기능적 역할을 수행하고 있다는 것도 인정한다. 하지만 그것은 예술에 대한 비평정신의 타락이나 방심의 결과라는 냉정한 평가와 만나게 된다. 소위 통속예술의 범람은 정신의 위기, 다시 말하면 우리들 자신의 삶의 양식에 대한 모색과 관찰과 진지함의 부재에 기인하는 것이다. 여기에서의 비평정신이란 읽기에 편한 작품을 쓰는 작가보다는 진지하지 않은 삶을 그리는 작가를 비판하는 정신을 말한다.

현대사회에서의 비평의 이와 같은 문학의 통속화 현상에 대한 경계는 작품 자체가 가지고 있는 미적 가치나 내재적 구성 원리를 밝히는 일만큼 중요하다. 어차피 사회는 많이 읽히지만 조잡한 작품과 덜 읽히지만 유의미한 작품이 공존할 수밖에 없다. 비평이 이때 간여해야 할 문제는 천박함과 진지함, 진부함과 새로움, 순응과 탐색의 의미를 밝혀내는 일이다. 덜 세련되고 영세한 대로 독자는 또한 비평가의 비평을 비평할 수 있는 거리를 유지해야 한다. 쉬운 일은 아니지만 작품을 대하는 내면적 성실성에 따라 거기에 근접해 갈 수 있다. 가장 권위 있고 생산적인 비평은 대개는 익명이라는 역설은 비평의 정치성에 대한 독서의 순수성의 승리의 한 예가 된다. 그러므로 예술 수용자는 예술에 '관한' 것보다는 '예술'에 관해 자신의 해석적 기능을 부여해야 할 것이다. 연애론보다는 연애가 우리의 정서를 더 고양시킨다.

비평은 예술일 수는 없지만 예술 활동에 간섭적 역할을 담당하고 있다는 데서 공동의 가치를 추구한다. 따라서 우리는 문예창작과 문예비평 어느 한쪽에 우위를 둠으로써 양자가 지니고 있는 독자적 기능이나 존재가치를 약화시켜서는 안 된다. 예술의 사회성에 대한 인식 때문에 그것을 사회학의 일부로 종속시키는 일이 부당하듯이, 예술 혹은 비평이 어느 한쪽에 기생한다는 생각 또한 부당하다. 문학 연구는 문예비평이 되어야 하고, 문예비평은 삶에 대한 해석과 통찰이라는 인식은 중요하다(2001).

나에게 문득

책을 묶을 때마다 함께 따르는 것은 즐거움과 고통이다. 즐거움은 그동안의 일의 성과 때문이고, 고통이란 그에 대한 불만 때문일 것이다. 이번에 책을 조금 두껍게 내는 것은 내가 이전의 책을 냈을 때보다는 조금 나이가 들었다는 것 말고는 다른 이유가 없다. 꿈을 잃어갈수록 여인들의 악세사리가 늘어나듯이 나의 어떤 감당할 수 없는 허기가 책을 이전 것 보다는 조금 두껍게 하게 했다. 이 쑥스러움의 감정을 누군가가 그것은 당신의 죄의식 때문이 아니냐고 말을 고쳐 주어도 나는 그것을 받아들이겠다.

이 책은 그러므로 내 문학의 유죄에 대한 변론이며 이 서문은 그와 관련한 조서調書이다. 문학선을 기획하면서 출판사 측은 작가 서문을 되도록 길게 써 줄 것을 요구했다. 다만 나를 분리수거할 뿐이라 했더니 그렇다면 그동안 당신이 유기한 세월에 대한 어떠한 상상이나 억측도 감내해야 할 것이라고 했다. 다른 작가들의 책을 보았더니 다들 서론이 길었다. 그들도 나처럼 허기에 차 있었단 말인가?

고등학교 시절, 하숙집 딸에게 장문의 연애편지를 보낸 적이 있다. 어느 날 그 편지가 온 식구들에게 돌려가며 읽혀졌다는 사실을 알았을 때 나는 절망했다. 은밀하게 둘이서만 나누어 가져야 할 감정을 그녀는 전기세 고지서처럼 가족들에게 공람시킨 것이다. 그녀는 나를 위로했지만 나는 그녀를 용서할 수 없었다. 나는 오랫동안 하숙집 딸에게처럼 은밀하게 문학에게 구애했다. 문학은 가까이 다가갈수록 나로부터 도망쳤다. 그러나 나는 그로부터 등을 돌리지는 못했다. 적어도 그는 나의 구애를 공람시키지는 않았으며 도망치지만 따라오기를 은근히 기대하고 있는 듯했기 때문이다.

나는 문학을 좋아했다. 사랑했다고 말하고 싶지만 문학 때문에 자살을 기도한 적은 없으므로 그냥 좋아했노라고 고백하겠다. 그리고 나는 오랜 시간을 문학판 언저리에서 지냈다. 언저리는 겸양의 자리이면서 동시에 치욕의 자리이기도 하다. 많은 지인과 동료들이 프레스센터에서, 출판문화회관에서 '문학상'을 타고 인사동의 〈이모집〉에서 뒤풀이를 할 때, 나는 그들을 축하해 주었지만 언제나 그들보다 먼저 취하고 말았으며 아랫배는 늘 아파왔다. 그러나 이제는 더 이상 나에게 아플 배는 없으며 그들이 내놓는 쉬어빠진 음식에 이제는 젓가락이 가지 않게 되었다. 다만 나의 배는 허기에 차 있을 뿐이며 무엇보다도 문학은 그들에게도 나에게서처럼 늘 아득한 거리 어디쯤에서 손짓만을 보내도 있을 것임을 나는 알기 때문이다.

문학에의 구애가 망설여질 때가 많았다. 구애의 대상은 늘 두렵기 마련인가. 중2 때 최초로 활자화 된 글에 동리선생의 칭찬이 떨어졌을 때는 나는 화가 지망생이었고, 데뷔작을 발표했을 때 나는 대학원에 다니고 있었다. 그림을 그리다가 글쓰기에 눈을 돌렸고, 글을 쓰기로 작정하면서 논문에 각주를 달기 시작했다. 딴전인가 한눈팔기인가, 내 생에 끼어들 어떤 절명絶命의 업業에 대한 막연한 두려움은 언제부터 생기기 시작한 것인지. 나는 지금도 문인과 학자 그 어느 쪽과도 화해를 못 하고 있다.

나는 허기虛氣를 일찍 배웠다. 도화지에 그림을 그리거나 공책에 무엇을 끄적거리지 않으면 안 되었던 소년 시절의 기억은 세월이 흘러도 더욱 뚜렷해지기만 한다. 그것은 허기 때문이었다. 우리 집은 부자였지만 나는 가난했다. 전쟁이 터져도, 두 아들이 한꺼번에 학살되어도 나의 조부는 그때 「삼대」의 조의관처럼 논이 많았고, 우유 한 모금을 위해 아이들이 운동장 끝까지 줄지어 서 있을 때도 나는 교실에 앉아 깨소금과 계란이 덮어진 '벤또'를 까먹었지만, '전쟁유자녀'에게 주어지는 구호품인 미제 크레용을 들고 기쁨에 차서 어머니에게 달려갔을 때 어머니는 다만 소리 없이 울기만 했고, 〈학원문학상〉 트로피를 들고 자랑스럽게 어머니 앞에 섰을 때도 어머니는 "니가 할 이야기가 많은 가부다." 하고 쓸쓸히 웃기만 했다. 도화지에 그리거나 공책에 끄적거리지 않으면 안 되었던 나의 허기는 어느 해부터 문득 안 보이기 시작한 기억나지 않은 스물아홉의 사내와 제과점을 차린 스물여섯의 쓸쓸한 여인의 얼굴로부터 비롯되었던 것 같다.

광주의 고등학교에 진학해서는 《자유문학》이나 《현대문학》을 뒤적거리거나, 일금 천 원이면 영화 두 편을 관람할 수 있는 남도극장이나 천일극장을 전전했으며, 이 기간 동안 나는 하숙집에 들어앉아 서른두 통의 편지를 어머니에게 보냈다. 서울의 대학으로 유학을 와서부터는 나는 더 이상 어머니에게 편지를 쓰지 않았으며, 어느 해 겨울 청파동 하숙집의 기다란 골목 어귀에서 한 여자를 끌어안았을 때 나의 오이디푸스는 비로소 끝이 나는 듯했다.

나의 대학 시절 역시 고등학교 시절의 우울이 그대로 이어졌다. 조지훈, 정한숙 선생에게서 문학은 책에서 배우는 것이 아니라는 사실을 알았고, 김동리, 오영수 선생에게서는 문학은 더 이상 나의 약속의 땅이 아님을 보았다. 안암동의 나의 대학 시절은 고즈넉하게 쓸쓸했다. 연말이면 돌림병처럼 찾아왔던 신춘문예에는 번번이 낙방했고 중세국어와 문법통론 수업은 학점이 F가 나왔다. 졸업이 다가오자 과의 친구들은 서두르기 시작했다. 정종 병을 들고 교수 자택을 방문하여 휘문고등학교나 동대문상고의 교사 자리를 노리는 축과 학과와는 아예 혈연관계도 없는 삼성물산의 입사원서를 들고 뛰어다니는 축들 사이에서 나는 진실로 난감하였다. 그 어느 쪽도 나에게는 형벌처럼 느껴지는 곳이었다.

나의 대학원 진학은 그러므로 나의 진로에 대한 결단의 소산이라기보다는 그것을 위한 시간 벌기의 도피처인 셈이었다. 대학원에서의 나의 조교생활은 송민호 교수의 연구실에 설렁탕을 배달시키는 일과 정한숙 교수의 원고 심부름을 하는 것으로 시작되었다. 김민수 교수는 시내에 외출중이면서도 조교의 근무상황을 체크했으며, 박병채 교수는 「高麗歌謠語釋硏究」의 교정을 나에게 맡겼다. 조지훈 교수가 마석에 묻히던 날 무덤 속으로 함께 뒹굴던 왕학수 교수의 울부짖음 때문에 마침내 함께 울어버렸던 기억. 해마다 사월이면 "하얀 버선발로 내려선" (당시 오탁번의 시) 인촌묘소의 목련과 눈을 찌르는 선홍빛 진달래꽃 아래 아무리 누워보아도 좀처럼 잠이 오지 않았던 그 '불면의 낮'에 대한 소슬한 기억. 구운몽九雲夢의 사상적 배경이 불교냐 유불도의 짬뽕이냐를 가지고 세미나를 벌이는 동안, 나의 아홉 개의 꿈은 서서히 작아지고 생략되고 마모되어 갔으며, 서관의 시계탑은 새야 새야 파랑새야 녹두밭에 앉지 마라고, 스러지고 줄어들어가는 나의 꿈을 달랬다.

거대한 시간의 톱니바퀴가 다소 바쁘게 회전하던 그 무렵의 나의 혼돈과 무질서와 절망의 그림자를 담은 것이 그해 겨울의 「외출外出」이었다. 이 작품은 친구들과 함께 떠난 야유회가 모티프가 되었다. 안단테 혹은 비바체로 다가오는 시간의 파괴적인 리듬에 대한 하나의 유추를 '발견' 하는 이 이야기는 그 당시 나를 지배하곤 했던 시간의 문법이었다. 나는 그즈음 토마스 울프의 「천사여 고향을 보라」나 「그대 다시는 고향에 가지 못하리」 등에 보이는 세계에 동의하고 있었으며 이 작가의 짧은 생애에 대한 막연한 인인애隣人愛 비슷한 감정 속에 빠져 있었다. 시간은 그 당시 나에게 매우 난처한 존재 — 붙잡을 수도 냄새 맡을 수도 없는, 그러면서도 그 어떠한 일도 그것 밖에서는 일어날 수 없는 엄존하는 세계 — 의 하나였다.

문단에 이름을 올려놓고 몇 편의 작품을 발표하는 동안 나는 석사과정을 마쳤고 모교의 강의를 맡았다. 이후 여러 해 동안의 대책 없는 시간들과의 대치가 계속되었다. 낮에는 대학에, 밤에는 야간고교에 강의를 나갔다. 1970년대의 대학은 3선개헌과 7·4 공동성명과 10월 유신과 끊임없이 이어지는 반독재 항쟁과 데모사태로 단 한 학기도 제대로 수업일수를 채운 적이 없었다. 개강과 동시에 데모가 시작되고 중간고사는 리포트로, 기말고사는 중간고사로 대체되었으며 무장군인은 대학에 천막을 치고 상주했고 교문은 그들에 의해 통제되었다.

억압과 감시, 수배와 투옥, 휴교와 휴업령으로 이어진 이 시기의 정치적 억압과 사회적 혼란은 1979년의 대통령 시해사건으로 종말을 고하는가 했더니 이내 1980년의 광주가 터졌다. 내가 대학생으로, 대학원생으로, 조교로, 시간강사로, 조교수로 지내온 이 기간은 나에게 상실감과 부끄러움으로 이어진 아픈 생채기 같은 세월이었다. 간밤에 내린 함박눈처럼 자유는 찾아왔지만 그것은 이내 5·16의 절망으로 이어졌고, 이후의 오랜 기간을 나는 좁은 하숙집 문간방에서 혹은 굳게 잠근 강의실 안에서 보내면서 나만의 광복절을 기다렸다. 영민하게, 혹은 한 마리의 생쥐처럼 비겁하게.

민주에의 갈증과 문학에의 허기를 나는 다만 기다림으로써 해결하려 했다. 질풍과 광기의 세월이 어떻게 문학과 예술에 박차를 가할 수 있는 것인지, 억압과 궁핍이 어떻게 자유와 풍요를 담보할 수 있는 것인지를 그때 나는 몰랐었다. 세계 속에서 시인은 영원히 미성년자로 남는다고는 하지만 내가 흘려보낸 삶의 초상은 역사의 음모와 기교가 빚어낸 환영에 비하면 초라하기 그지없었다. 나는 음모와 기교가 마침내 빠져들게 될 허무의 세계를 「수렁」을 통하여 형상화했고 되살아온 독재의 망령을 「미친개」로 현현시켰으며 「원무」에서는 기다림이 존재하지 않는 비속한 세계 속으로 질주해 가는 한 청년의 절망을 삶의 반복되는 춤에 빗대었다.

그리고 그것들은 모두 비유의 문법을 통해서였다. 상징과 알레고리는 수사적으로 강력하지만 이념적으로 나약하다. 시대가 어수선하고 현실이 억압만을 강요할 때 작가들은 간혹 아득한 과거의 시간 속으로 도망치고 말았던 사례를 우리는 가까운 문학사에서 여러 번 보아왔다. 지금/여기가 아닌 그때/거기로 도망쳤던 과거의 역사물에 나의 초기작을 비교하는 것은 적절치가 않지만, 그러나 내가 그려낸 서사의 상당 부분이 은유의 그물을 펼쳐놓고 있었음은 내 소설의 사회성보다는 형식성을 설명하기에 더 적합할 것이다. 서사적 질료가 현실에 개입하지 못하고 언어의 감옥에 갇혀 있을 때 작중인물의 행위는 현실의 구체적 상황이나 역사와 멀어진다. 작가의 개인적 상상력이 사회학적 상상력과 동기적 관련을 맺고 있는 소중한 순간은 어떤 작품에서나 쉽게 얻어지는 것은 아닐 것이다.

문학작품이 자기충족적인 텍스트의 하나라는 관점에 대해 동의할 수 없지만 그럼에도 불구하고 나는 그것이 문학에 대한 창작과 연구의 출발점이 되어야 한다는 생각에는 언제나 변함이 없다. 사회학적 상상력의 심미적 형상화란 이상적이지만 현실적으로 얼마나 어려운 명제인가를 나는 「벽」 「겨울행」 「임부」를 통해 확인하였다. 이데올로기나 관습의 벽이 어떻게 사람과 사람을 갈라놓고 있는가를 그리려 했지만 그 실효는 의심스러운 바가 있었고, 시대의 절망을 그리기에 겨울 바다의 풍물과 삽화는 그 관계 설정에 무리가 있었고, 인습과 권위가 새로운 가치로 대체되어지는 과정을 그리기에 임부姙婦의 상징성은 추상화抽象化가 심했다. 대학 시절 강봉식, 여석기 교수의 영미 단편소설 강의에서 단편서사의 압축과 생략과 상징의 중요성에 경도되었지만, 실패한 시인이 단편을 쓰고 단편에 실패한 사람이 평론을 쓴다는 조이스의 농담이 지금까지도 나의 머릿속에는 진담으로 남아 있다.

오랜 강사시절을 마감하고 대학의 전임교수가 되면서 나는 창작에의 각오를 새로이 했지만, 실제에 있어 쓰기보다는 읽기에 몰두하는 시간이 많아졌다. 「한국 근대소설 작중인물의 사회갈등연구」로 학위논문을 준비할 즈음 나는 에리히 아우얼바하를 만났다. 그가 보여준 『미메시스』의 텍스트와 컨텍스트의 상호성에 대한 면밀한 분석과 통찰은 나의 그동안의 창작과 비평의 제반 문제들에 대한 시원한 암시였다. 그것은 새로운 것은 아니었지만 중요한 것이었다. 문학작품에서보다는 그것을 읽어내는 방식에 대한 책에서 받은 감흥은 이후 나의 독서에 유의미한 해석적 관점을 제공해 주었다.

언어적 문맥과 사회적 문맥의 상호성, 사회적 약호(code)로서의 소설에 대한 인식이 깊어질수록 나의 서사는 조금씩 풀어졌다. 「겨울나기」 「밤의 소리」 「줄칼」 「백치의 여름」은 이야기를 풀어써보려는 시도가 가미된 것들이었고 이야기가 조금 길어진 「백치의 여름」에서는 그 정도가 더했다. 단편서사는 오히려 시적 영역에 가깝다는 그동안의 생각이 역으로 확인되는 순간이었다.

문학교수와 작가는 이혼하지 못한 부부처럼 불행한 관계라는 것을 나는 시간이 지날수록 실감했다. 예술이 쇠퇴할 때 학문은 번영한다고 했던가. 그렇다면 학문이 쇠퇴하면 예술이라도 번영해야 할 나에게는 그것이 찾아오지 않았다. 지식은 예술이 아니라는 것을 모르는 것은 아니지만 나는 대학에서의 나의 최소한의 의무수행을 위해 연구비를 신청하고 논문에 각주달기를 계속했다.

홍익대학에서 모교 국문학과로 자리를 옮기고, 안식년이 되어서는 뉴욕의 콜럼비아대학이나 도쿄의 와세다대학, 제주대학에 방문, 교환교수로 나가 시간도 보내고 연구소 일도 맡아보고 문예창작과를 신설해 창작교실을 개설해 보기도 하던 어느 해, 나는 문득 자신이 창작가가 아니라 문학의 향유자로 서 있는 모습을 발견하고 새삼 놀라고 말았다.

도저한 문학의 침묵 앞에서 나는 한 마리의 애벌레처럼 왜소해지기 시작했다. 나의 강의는 조금씩 신명을 잃어가고 있었고 나의 글쓰기는 매번 컴퓨터 모니터의 커서처럼 깜박거리고 있기만 했다. 권태도 습관인가. 문학이 내린 나의 유죄평결은 1990년대를 지나면서 그 혐의가 확실해졌다. 그리하여 작가란 고등고시의 산물이 아니라 천형天刑의 산물이라는 것, 소설은 생산하는 양식이 아니라 생산되는 양식이라는 것, 그러므로 작가는 모름지기 운명적 존재이지 않으면 안 되는 것이라고 학생들을 위협하기 시작했다. 이는 구애를 받아주지 않은 애인에게 퍼부어대는 저주였다. 그리고 나는 1998년에 나온 창작집의 서문에서 이렇게 자신을 변명했다.

> 여러 해 동안 소설을 못 쓰거나 안 썼다. 쓰는 일의 즐거움과 고통으로부터 도망쳐 소설의 문밖에 서 있었다. 이야기가 없어서가 아니라 이야기하는 방식들이 나를 그렇게 오래 서성거리게 만들었던 것 같다. 여기 모은 작품들에는 지난 시절의 열기와 생채기가 고즈넉이 배어 있다. 이런 형태로나마 나는 저 백치같은 세월들을 보듬고 있었나보다. 사람들이 상처에 대해 관심을 갖는 것은 그것을 치유하기 위해서라기보다는 아마도 함께 아파하고자 해서일 것이다. 우리들의 삶이란 어차피 이러한 상처들의 마주침과 다름없고 그 속에서 또한 사람들은 자기 존재의 근거를 찾을 수 있을 것이기 때문이다……. 이제 소설에 대해 어떤 신념은 갖지 않기로 했다. 신념이 늘 편견으로 변해버리곤 하는 삶의 아이러니가 재미있다.(『백치의 여름』, 나남, 1998)

나는 이렇게 소설의 문밖에서 오래 서성거리고 있었다. 망설임과 한눈팔기가 오래 지속되고 나는 죄의식의 무게를 감당할 수 없어서 스스로 처벌을 받고자 잘못에게 벌을 구하는 라스코리니코프, 혹은 무엇 때문에 자신이 고발당한지도 모르고 자신의 생애와 과거를 돌아보며 자신의 죄를 찾아 헤매는 K처럼 다만 소설 앞에서의 나의 실존을 두려워하고 있었다.

2003년 추석을 지낸 며칠 후, 어머니가 떠났다. 어머니는 숨을 거둔 지 이틀 후에 암을 앓고 있던 둘째 아들도 함께 데려갔다. 어머니는 묻고 아우는 태웠다. 내 생애의 가장 길고 아득한 일주일이었다. 어머니를 떠나보내면서 나는 "오늘 아침 어머니가 죽었다. 수도원으로부터 온 그 전보는……."으로 시작되는 서양의 어떤 소설의 첫 대목을 떠올렸다. 나는 그때 시작과 끝을 짐작할 수 없는 어떤 이야기 하나가 안개 속을 헤치고 나에게 가까이 다가오는 소리를 들었다. 무언가를 그리거나 끄적거리지 않으면 안 되었던 허기의 시절, 나에게 문득 그 유년幼年이 찾아왔다. (2004)

제 3부

SNS,
고독의
행로

휴대폰을 스마트폰으로 바꾼 지 일 년이 넘었다. 기능이 많아서 사용법을 모두 익혀 활용하지는 못하고 있는 형편이지만 소위 소셜미디어로서의 스마트폰의 기능과 속도에 놀라고 있는 중이나. 스마트폰이 손바닥 안의 컴퓨터로 변신하면서 우리가 맛보게 되는 사이버 공간의 확장과 그 영역은 대단해졌으며, 거의 분기별로 출시되는 새로운 제품의 기능 또한 경이롭다.

휴대폰을 처음 쓰던 1990년대 말의 기억이 아직도 생생하지만 이제 그것은 SNS 시대의 구석기적 유물로 창고에 들어간 지 오래다. 카카오톡을 열어 미국에 있는 아이에게 "유나 모하니?" 문자를 치니 "지금 잠 들었어요" 라는 대꾸와 함께 손녀의 사진 한 장이 화면에 떠오른다. 화상채팅이 연기되고 대신 문자채팅으로 주고받는 안부. 그러나 이것은 PC와 스마트폰의 기본 기능이고 페이스북을 열면 알만한 이웃들의 '지금' 이 생생하게 중계된다.

내가 처음 페이스북에 가입하자마자 즉각 실시간으로 나를 인식하는 '친구'들에게 놀라서 요즘은 주로 그들의 근황을 훔쳐보는 재미가 많다. 캐나다에 유학 중인 처조카와 그의 서울 친구와 주고받는 수다를 옆에서 보고 반가운 나머지 글을 남겼더니 곧장 답이 왔다. "앗 고모부! 연락 못 드려 죄송. 저는 잘 지내요."라는 짧은 답변과 함께 스키장에서 찍은 사진 한 컷이 곁들여 있었다. 더 쓰려고 했으나 녀석의 다른 수다를 방해하고 싶지 않아 다른 페이지를 밀자 졸업생 Y 양의 수다가 뜬다. 신혼인 그녀는 요즘 이제 돌 지난 아이에게 빠져 있다. 그녀의 페이스북에는 아이의 모습이 매일 새것으로 올라오고 육아일기도 곁들인다. 그리고는 가끔 "우리집 선인장 중 한 녀석이 머리꼭지가 아파서 갈색으로 흉이 생겼다. 그게 언젠지 계산이 안 될 만큼 가물거리는데, 오늘 보니 갈색 흉터 위로도 많이 자라있다……", 운운하는 집안의 화초에 대한 단상을 올리고 있다. 대학원의 K 군은 그가 이번에 새로 구입한 들뢰즈의 어떤 책의 표지에 관해 얘기했고 이상의 소설은 ㅇㅇ출판사 것보다는 △△출판사 것을 사라는 광고도 서비스하고 있었다. J 군이 올려놓은 사진이 맘에 들어 참지 못하고 "사진 조타. 너 소설 그만 하고 사진 해라"고 칭찬을 늘어놓았더니 "감사합니다. 그냥 장난 삼아서…ㅎㅎ"라고 겸손을 부려왔다.

SNS는 이제 일상 속으로 깊이 들어와 있다. 전철이나 버스 안의 풍경을 스마트폰이 장악한 지도 오래다. 모두들 여기저기에서 남녀노소 없이 스마트폰에 몰두하고 있는 모습은 오늘의 우리들의 소통구조의 단면을 보여준다. 그들은 혼자 웃거나 혹은 무심한 표정으로 누군가에게 무언가를 보내고, 보내온 것을 읽고 있다. "지금 모해?" 라는 한마디를 문득 날려 보내고 상대방은 즉각 "라면+밥" 이라는 답이 온다. "컵면?", "나가사끼" 이 무의미하고 짧은 대화를 통해 그들은 서로 간의 '지금' 을 공유하고 있으며 그 인연을 소중한 것으로 여기는 메시지를 담고 있는 것이다. 짧고 빈번하게 이루어지는 이들의 '만남' 이야말로 오프라인에서는 불가능한 일일 것이다.

사람들은 누군가에게 '링크' 되기를 근원적으로 바라고 있다. 그들은 자신의 삶의 근원적인 고독을 타인과의 '관계' 에서 확인한다. 과거에는 따로 시간을 내서 약속을 잡고 특정한 장소에 나가서 그 관계를 만들려 했지만 SNS는 이러한 시공간의 문제들을 한꺼번에 해결해 준다. 싸이월드는 친구의 사이트에 암호를 대거나 입장을 허락받고 대문을 열고 들어가서 글을 남겨야 하지만 페이스북이나 트위터는 상호 간 혹은 한 사람이 여러 사람을 실시간으로 상대하는 것이 가능해졌으니 최대의 소셜미디어인 셈이다. 더구나 어느 커뮤니케이션 학자는 인간들의 관계망이라는 측면에서 세상이 얼마나 좁은지를 증명하였다 한다. 그는 여섯 단계의 사람만 거치면 세상의 모든 사람과 연결이 된다고 하였고, 한국의 어느 연구기관에서의 연구로는 불과 4.6명을 거치면 어떤 사람과도 연결이 된다고 하였다.

그러나 무어니 무어니 해도 소셜미디어의 핵심은 그 변화와 전파력의 속도에 있는 것 같다. 나의 블로그는 오래되어 자주 새 글을 올리지 않아 다녀간 사람의 수도 작지만 꾸준히 누군가가 다녀간 흔적은 남는다. 블로그의 주인인 나와 직접적인 소통은 아니더라도 나를 아는 어떤 이가, 또는 내가 올린 글과 유관한 어떤 이가 다녀갔다는 통계에서 그들과의 또 다른 의미의 '소통'을 경험하곤 하는 것이다.

무엇보다도 페이스북이나 트위터에 이르면 그 작은 대화들의 리얼함은 강렬해진다. 남의 논문을 표절해서 국회의원에 출마한 문 아무개 후보는 네티즌들에 의해 즉각 '문제록스'라는 별명이 붙여졌다. 공영방송에서 노조하다가 쫓겨난 R 씨가 팟캐스트 방송에 뉴스 캐스터로 나오니 사람들은 그를 동지선달 꽃본 듯 대했다. 팟캐스트 방송은 이처럼 마치 전시체제나 독재시절의 지하방송을 듣는 은밀함의 기분까지 함께 제공해 주기도 한다.

그러는 한편으로 우리는 SNS의 우려되는 측면들에 대해서도 눈길을 돌리게 된다. 가령 사이버 공간과 현실 공간의 연속성은 가능한가에 대한 우려, 익명이기 때문에 염려되는 기만과 무책임, 아니면 익명이기 때문에 오는 자유 같은 문제들이다. 이 양면성과 복합성은 우리들의 삶을 풍요롭게 하지만 염려스럽기도 하다. 그러나 이것들도 기우일 수 있다는 생각이다. 아이러브스쿨에서 싸이월드로, 페이스북에서 트위터와 미투데이로 이어지는 SNS의 진화에서 염려되는 사람과 사람 사이의 진정성이나 정체성은 오프라인이라고 해서 다를 것도 없을 것이다. 중요한 것은 미디어가 아니라 인간 그 자체일 것이기 때문이다.

사람들은 자신을 드러내면서도 감추고자 하는 이중성을 갖는다. 소셜미디어에서도 예외는 아닐 것이며 사람들은 항상 자신을 '접속 가능한' 상태 속에 놓고 조금은 숨긴다. 이 아이러니 또한 비관적으로만 볼 일은 아니라는 것이 커뮤니케이션 학자들의 주장이다. 즉 그들은 SNS가 '다중인격 사회의 몰락'이라는 긍정적 효과를 보여준다고 하였다. 만나는 사람마다 다른 모습을 보일 수 있는 오프라인에서와는 달리 온라인에서는 올린 글들의 정보나 태도가 누적되어 외려 자신의 정체성을 강화하게 된다는 것이다. 누구나 검색하면 금방 탄로 날 비일관성을 보인 유명 인사들의 다중인격성이 폭로되어 곤욕을 치루는 예가 그것이다.

소셜미디어의 중심 콘텐츠는 결국 수다이다. 수다를 많이 떨수록 메시지는 풍부해진다. 어느 휴대폰 회사의 광고가 '토크, 플레이, 러브'라는 광고 카피로 휴대폰의 다양한 사회 문화적 기능을 부각하였는데, 이야말로 오늘의 소셜미디어의 속성을 잘 표현한 것이라 하겠다. "나는 생각함으로써 존재한다."라는 명제는 이제 "나는 링크됨으로써 존재한다"로 바꾸어 말하는데 동의하지 않으면 안 될 때가 되었다. 그리하여 사람들은 SNS가 과연 우리의 삶을 풍요롭게 하느냐고 묻는다. 이 물음에 더욱 긍정적이게 답하기 위해서 우리는 다시 고독해지지 않으면 안 된다.(2012)

갈등의 힘

복수로 헤아릴 수 없는 한 사람 한 사람의 개인은 다른 개인과 동떨어진 존재인가 아니면 함께하는 존재인가에 대해서는 논의가 많다. 그러나 개인은 침범할 수 없는 독자적인 존재이기도 하지만, 다른 개인의 관계 속에서만 그 독자성이 보호될 수 있다는 역설은 중요하다.

아울러 그들의 독자적 삶과 관련한 정치적 사회적 이해관계에 대한 진단도 중요하게 되었다. 지난 한 해 동안의 우리 사회는 개인과 개인, 정당과 사회와의 관계가 하나의 상호작용 속에서 이루어지지는 않은 것 같다. 그것은 일방적이거나 폭력적인 어떤 관계에 불과했다. 청문회에 부쳐진 새 정부의 인사들은 하나같이 격렬한 반대와 양보할 수 없는 임명의지와 대결했다. 진보적이었던 어떤 정당의 행태는 내란음모와 종북몰이로 대결했고, 검찰총장의 국정원 대선관여 수사의지는 공직자의 윤리와 개인의 사생활 문제가 대결했고, 철도노조의 파업은 원칙과 파행으로 대결했다. 어느 해와 마찬가지로 지난 한 해의 우리 사회는 대결과 전투의 행태에 익숙해 있었다. 명동이나 광화문거리에서 자신도 모르게 촛불행렬이나 시위대에 합류하여 헬멧을 쓴 경찰과 대치하게 된 일본인이나 중국인 관광객들의 어리둥절한 모습들은 오늘의 한국 사회의 단면들이다.

지금 우리 사회에 존재하는 흑백과 찬반의 논리는 중간색과 회의를 받아들이지 않고 있다. 갈등이란 나와 너, 갑과 을 사이의 어떤 관계 속에 반드시 끼어드는 불가피한 현상이며 집단끼리는 물론 개인 안에서도 피할 수 없는 현상이다. 사회란 본질적으로 역사에 의해 형성되는 것이므로 여기에는 갈등의 원동력이 반드시 필요하다. 흑백과 찬반을 통합하는 변증적인 관계에 대한 인식이야말로 갈등의 본질이며 사회통합을 위한 단계라 할 것이다. 사회학자들은 이 갈등이야말로 행동을 지각 있게 하고 자의식을 갖게 하는 것이며, 사람들이 갈등에 대해 생각할수록 협동과 분리될 수 없는 성질임을 지적하고 있다. 평화는 결국 갈등의 형태상의 변화의 결과물이라는 논리도 여기서 가능해질 것이다.

갈등은 그러므로 우리에게 통합으로 가는 역동적인 에너지라 할 수 있다. 새로 당선된 대통령은 백 퍼센트의 국민대통합을 부르짖었다. 야심찬 생각이지만 백 퍼센트의 통합은 처음부터 불가능한 논리였다. 그것이 실현되는 사회란 사실상의 독재에 의하지 않고는 실현 불가능한 경지이기 때문이다. 최근의 일련의 대화와 타협부재의 대통령의 일방적 조치들은 이를 역설적으로 보여준다.

지금 우리에게 필요한 것은 대화와 타협의 기술이다. 그것은 포용과 배려의 마음에 기초한다. 대선이 끝난 직후 인수위원회가 구성되고 새 정부의 출범을 서둘 즈음, 선거에 이긴 쪽이 환호했고 패배한 쪽이 패배의 원인분석에 몰입하는 것은 당연한 일이었지만, 무엇보다도 승리한 쪽의 논리는 문제였다. 가령 과반수에 조금 모자란 48%보다는 과반수를 조금 넘긴 52%의 지지자들과의 선거공약이 선행되어야 한다는 이긴 쪽의 궤변은 옹졸한 승자독식의 논리였다.

지금 우리에게는 대결보다는 갈등의 긍정적 요소가 필요한 때이다. 갈등을 거치지 않은 어떠한 명제도 위험한 것이며 그것이 초래한 통합은 통제이자 폭력이기 쉽다. 통합은 다양성과 이질성에의 용인이며 획일성에 대한 혐오의 정신일 것이다. 지지자들의 성원을 반대자들에 대한 배려로 환치하는 능력과 자질이야말로 바른 정치, 덕으로 하는 정치의 본질일 것이다.

집권 2년 차로 접어든 지금의 당과 정부는 각 분야에서 일어나고 있는 이념과 가치의 대립과 충돌들을 사회 안정을 해치는 분열적 행동으로 단정해서는 안 될 것이다. 사회질서를 유지하고 보장하는 규범적 구조에 집착하는 한 대결은 계속될 수밖에 없다. 갈등은 질병이 아니다. 그것은 통합의 길이며 화쟁에 이르는 통로이다. (2014)

집단범죄와 범죄집단

채만식의 「태평천하」라는 소설에는 식민지 시대를 살아가는 한 노인의 현실을 대하는 태도가 잘 나타나 있다. 지주 윤영감은 일제에 부역하여 땅을 사들이고 족보를 만들어 가문을 세운다. 그는 부친의 죽음을 보고는 "우리만 빼놓고 다 망해라!"라고 세상을 저주하고, 일본의 대륙침략에 대해서는 "청국 놈들이 세계에서 첫째가는 일본하구 쌈을 할라구든게 잘못"이라고 감싸는가 하면, 의병들의 항일투쟁에 대해서는 "지금 시상에 무엇이 답답해서 그 노릇을 하구 있것는가? 관리허며 순사허며 우리 조선으로 많이 보내서 그 숭악한 불안당 놈들을 말끔히 소탕시켜주니 그렇게 고맙고 장한 디가 어디 있단 말인가" 하고 외친다.

일본은 옹호하는 주인공의 태도에는 당시의 의병운동이나 사회주의에 대한 극도의 반감과 식민 사회에 대한 맹목적인 믿음이 배어 있다. 동경에 유학 중인 그의 손자가 사회주의로 체포

된 것을 듣고는 “부자 놈의 자식이 무엇이 대껴서 부랑패에 들었느냐”고 소리친다. ‘화적패’ 니 ‘부랑당’ 이니 ‘사회주의’ 로 표현되는 당시의 반제국주의 항일 세력들은 저주의 대상이 되고 “거리거리 순사요 골목마다 공명한 정사政事인 세상” “태평천하” 에 웬 항일운동이냐고 세상을 비웃는다.

가족이라는 집단의 이기성이 극대화된 이 소설은 식민지 시대의 한 소집단 속의 이해와 갈등의 문제를 우스꽝스럽고 일그러진 사회상으로 묘사하고 있다. 주인공 윤영감의 이러한 일그러진 현실인식의 태도는 작가의 풍자적 어조에 의해 더욱 조롱과 웃음거리의 대상이 되고 있는데, 이야기는 이처럼 주인공이 자신이 처한 현실을 비웃고 이야기꾼은 그의 비웃음을 비웃는 모양새를 띤다. 비록 일본의 검열과 억압을 피하는 형식으로 풍자의 방식을 취한 것이기는 하지만 이 소설의 시대의 문맹자에 대한 비판과 야유는 그만큼 통렬하다.

이 소설은 발표된 지 한 세기가 가까워 오지만 시대배경이나 주인공이 처한 상황, 그가 마주하고 있는 인물들과 이에 대응하는 행동 양식을 오늘의 그것을 대비시켜 본다면 여러 가지 흥미 있는 비유거리를 발견하게 된다. 청일 전쟁에 대비되는 어떤 나라들, 사회주의자나 의병들에 대비되는 어떤 세력들, 부역하여 이룩한 부의 축적 같은 부류들이 그것이다. 다만 무식하고 무력한 주인공의 자리에 유식하고 유력한 권력형의 인물들로 채워져 있는 오늘의 현실만 다를 뿐이다.

권력과 돈이 사회를 부패시키고 도덕이 인간을 타락시킨다고는 하지만 오늘의 한국 사회의 부패와 타락의 정도는 분노의 시대인지 풍자의 시대인지가 분명치 않아 보인다. 시대에 대한 절망과 분노가 지쳐버린 곳에 풍자는 생겨나는 것이지만 지금은 이미 그 경계를 넘어 위기의 시대임이 분명하다. 어느 시대, 어느 사회이고 고통과 위기가 아닌 적은 없었고, 이러한 자의식이야말로 모든 의식 있는 당대인들의 현실감각의 출발이어야 한다는 당위론은 이제 사치스러운 것이 되고 말았다.

신문, 텔레비전, 인터넷에 떠도는 소문들은 요즘 더욱 흉흉해지고 있다. 대통령의 사업비밀, '만사형통' 으로 통하는 그의 가형, 처가 쪽 인사의 비리의혹, 대통령 최측근의 수뢰와 알선, 그의 또 다른 수하의 수뢰 압력, 민간인 불법사찰과 사이버테러, 광산개발관련 주가조작 등……. 예거할 수없이 길게 엮어지는 의혹들은 모두 권력형이자 부패형이었다. 마침내 집단 범죄와 범죄 집단의 구분이 어려워졌다.

식민지 시대의 삐뚤어진 현실인식의 텍스트는 졸부 윤영감이라는 현실문맹의 풍자적 인물을 보여주었지만 부정과 비리와 불법과 탈법으로 얼룩진 이 시대의 텍스트는 더욱 정교하고 참담한 부패상을 보여주고 있다.(2012)

세리머니의 정치

나는 축구를 좋아해서 중요한 경기가 있는 날이면 다른 약속을 파하고 일찍 들어와 중계시간을 기다리거나 여의치 않을 땐 TV가 있는 곳에서 약속 모임을 갖곤 한다. 요즘은 조금 불편하기는 하지만 아예 마주앉은 사람과의 테이블 위에 스마트폰을 세워놓고 DMB를 켜놓기도 한다. 대개의 내 또래의 한국 남자들이 그러했듯 즐기는 운동시합은 축구였다. 공도 구하기 어려웠던 전후의 어린 시절, 우리는 그때 지푸라기 묶음을 둥그렇게 꼬아 공을 만들거나 돼지 오줌보에 바람을 집어넣어 공을 만들어 차고 다니기도 했다.

주로 축구나 야구, 권투 같은 구기종목이나 격투기를 좋아했고 지금도 어김없이 그들의 경기를 찾아보곤 하는데 주위에서는 이런 나에게 스포츠팬이라는 자격은 허락하지 않고 있다. 왜냐하면 그들은 나의 게임에 몰두하는 성향이 매우 편파적이고 지엽적이라는 사실을 알기 때문이다. 말하자면 삼성이나 롯데보다는 오릭스와 지바롯데, 클리블랜드와 볼티모어전에 특히 관심을 두는 이유가 그들의 전력이나 팀 컬러 때문이 아니라 이대호나 추신수 같은 한국선수 때문임을 알기 때문이다. 나는 박지성 때문에 유럽 프리미어리그를 알았고, 기성용 때문에 스코트랜드 리그와 프리미어 리그의 다른 점을 알았고, 박주영 때문에 뱅거감독의 인격적 결함을 알게 되었고, 이청용이 다리를 다쳐 한 시즌을 허송하게 되었다는 뉴스에는 그 안타까움에 잠을 뒤척이곤 했다.

요컨대 스포츠팬으로서의 나의 지위는 식구들의 지적대로 아마추어적, 국가주의적, 민족주의적 요소가 다소 강한 것이어서 애호가로서의 순수성에는 자격미달인 셈이다. 소극적이지만 지속적인 나의 축구애호는 이처럼 정치적 콘텐츠와 합쳐지면서 지속적으로 이어져 왔고, 게임 자체의 재미에다 그때그때의 지역적 국가적 정체성이 더해진 경기의 긴장감과 격렬함은 매력적일 수밖에 없다. 이번 런던 올림픽에서 나의 초미의 관심인 축구에서 희망 대진은 당연히 결승전에서 멕시코나 브라질과 만나는 일이었다. 그러나 일본과의 3, 4위전이 예고되면서 돌연 나의 그 서툰 국가주의는 발동되기 시작했다.

서로가 불러설 수 없는 한 판, 만나기를 꺼려하고 만나면 반드시 이겨야 하는 한일전이 벌어지기 몇 시간 전, 나는 이명박 대통령의 독도방문 뉴스를 접했다. 작은 평화의 섬 독도는 때 아닌 귀빈을 맞았고, 헬기를 타고 날아가 수비대를 위로하고 '한국령' 이라는 글자가 새겨진 바위를 어루만지는 대통령의 퍼포

먼스에 우리 모두가 깜짝 놀랐다. 나는 대통령의 이 기습적인 독도방문에 가슴이 무거워졌다. 우리 땅을 우리가 가는데 무엇이 문제인가, 그런데 왜 지금인가, 이 두 가지 확신과 의문 때문이었다.

TV를 지켜보던 이튿날 아침, 한국의 승리에 아파트의 여기저기서 새어나온 새벽 함성을 들으며 나는 잠을 청했고, 이날 오후 나는 박종우 선수의 독도 세리머니 소식을 들었다. '독도는 우리 땅' 이라고 쓰인 관중이 건넨 종이를 들고 그라운드를 뛰었는데 일본 측의 어필에 따라 IOC는 진상조사를 요구한 것이다. 우리 체육회는 선수의 행동이 의도된 것이 아니라 승리에 도취해 나온 우발적 해프닝이라고 해명했으나, 이후 박 선수에게는 시상식 참석이 허용되지 않았다.

운동경기에서 득점하거나 승리가 결정된 후, 선수가 짧은 순간에 자신의 기쁨과 환희를 강렬하게 드러내는 퍼포먼스의 하나가 '세리머니' 이다. 그 표현 방식은 개성적이고 다양할수록 좋고, 관중들은 선수의 세리머니에서 경기를 즐기는 과외의 즐거움을 맛보게 해 주기도 한다. 이런 점에서 한국과 일본의 예민한 영토문제인 독도를 소재로 한 그 '세리머니' 는 우선 정치적이어서 유치한 세리머니였다. 창의성과 개성없는 세리머니의 폐해가 어떤 것인지를 잘 보여준 사례일 것이다.

그렇다고는 해도 IOC나 FIFA가 얼마나 정치적으로 얽혀 있는지, 스포츠에 도사린 국가주의, 민족주의가 얼마나 정교하게 숨겨져 있는지를 잘 알고 있는 우리에게 '독도는 우리 땅' 이라는 순간의 해프닝은 마냥 유치하기만 한 것은 아니었다. 여기에 가해지는 법규정은 형식이요, 과잉이요, 남용이었다. 이러한 비판과 함께 우리는 박 선수의 독도 세리머니와 대통령의 독도 깜짝 방문을 보면서 자연스럽게 이어지는 의문과 만나게 된다. 이 스포츠 축제에 정작 초를 친 사람은 누구인가. 유치한 정치 세리머니는 과연 누가 먼저 한 것인가.(2012)

욕설의 문화

고향의 친척 어른 한 분은 평소 욕을 많이 해서 주위 사람들로부터 경계의 대상이 되었다. 그분은 늘 욕을 '입에 달고' 다녔는데, 그에게서 욕을 먹지 않은 동네 사람은 없었다. 그는 마을의 대소사에 사사건건 간섭하고 다니는 윤리 선생이었고, 계급장 없는 경찰관이었으며, 제복 없는 판검사였다. 그가 내리는 모든 평결과 단죄의 과정에는 예외 없이 거침없는 욕설이 끼어들었는데 듣기가 거북했고 가끔은 시원하기도 했다.

그를 따르는 사람도 많았지만 기피하는 이들도 많았다. 그를 따르는 부류는 자연스럽게 읍내의 평범한 이웃 주민들이었고, 피하는 이들은 직책을 맡고 있거나 더 가진 사람들이었다. 그래서 군수나 서장, 읍장, 법원의 지청장들이 새로 부임해 오면 그에게 신임인사를 가곤 하였는데, 이는 물론 그의 지위 때문이 아니라 그의 입 때문이었다. 나이, 지위 고하를 막론하고 그의 비위에 거슬리면 누구에게나 욕설이 쏟아졌다. 그러나 이제 생각해 보면 그분의 입은 더럽기보다는 매서운 것이었고 공격적이기 보다는 훈계적이었다. 주로 불의와 비리에 관련되었던 그의 욕설은 사적인 감정의 표현이라기보다는 공적인 분노의 표시였다.

무용가 공옥진을 보고 사람들은 '욕쟁이' 라고 부르기도 했다. 그녀의 병신춤은 우스꽝스럽고 그로테스크하지만 그의 입에서 뿜어 나오는 욕설은 한과 슬픔에 닿아있었다. 그리하여 그녀가 내뱉는 욕설이란 특정한 개인이 아니라 자신이 속해 있는 세계에 대한 서러운 몸짓이었고 그 욕설의 어조는 증오보다는 위트와 풍자에 다름없었다. 따라서 우리가 그녀의 욕설에서 느끼게 되는 정서란 절절한 생의 자기몸짓이거나 민중적 삶의 페이소스일 것이다. 판소리나 타령조에 끼어드는 육담들은 걸쭉하지만 인간적 체취가 넘쳤고, 흥겨우면서도 슬픈 가락을 띄었으며, 우스꽝스럽지만 가시돋친 풍자가 있었다. 채만식 소설의 야유나 김유정 소설의 해학, 이상 소설의 냉소에 이르기까지 세련된 풍자와 유머는 근대문학의 전통으로 이어졌고, 욕지기는 그 하부에 자리 잡고 있었다.

이처럼 해학과 풍자에는 욕설이 양념처럼 섞여들게 마련이고 그것은 원색적인 공격의 정서를 치유해주는 역할을 하게 된다. 욕설은 남의 인격을 무시하고 모욕을 주는 저주하는 말로 정의되지만, 기본적으로 그 본질적 기능은 상대방에 대한 공격의 무기이다. 이러한 '분노의 폭발' 에서 얻게 되는 카타르시스야말로 욕설의 순기능이요, 사회적 역할일 것이다.

그러나 오늘의 우리 사회는 욕설이 잘못 범람하고 있다. 무엇이 우리로 하여금 그토록 욕을 '입에 달고' 살게 하는지 민망한 일이다. 욕이 일상화된 지는 이미 오래되었으며, 요즘 초중고 학생들에게서 욕설을 빼면 대화가 성립이 안 된다는 조사가 있다. 그것을 어른들의 탓으로 돌리거나 저주와 분노의 대상이 많아진 때문이라고 단순화시킬 수 없는 다른 사회적 요인이 있는 것 같다.

최근 선거를 앞두고 야당의 한 후보의 욕설과 막말 방송이 문제가 되어 연일 공방이 이어지고 있다. 모처럼 야권 연대가 이루어지고 많은 새로운 인물들이 등장하여 정권심판의 분위기를 몰아가는 데 찬물을 끼얹는 형국이다. 그 젊은 후보의 욕설 방송이 비록 과거에 이루어진 것이었다 해도 변명의 여지는 없어 보였다. 그는 분명히 수준 이하의 저질 욕설과 막말로 한 시대의 인물과 사회를 공격했다. 그리고 그것은 내가 기억하는 꾸지람의 욕설도 아니고, 사회적 풍자도 아니고, 인간적 연민도 아닌, 오직 저주와 분노의 원초적 감정만을 드러내고 있었다.

욕설도 표현이다. 표현적인 것은 결국 문화적 행위와 관련되고 그 행위 또한 사회적이다. 증오와 분노의 방식에 세련미와 기술을 요구하는 것은 참으로 무리이겠지만, 그것이 공적인 분노의 표출일수록 표현의 기술은 중요해 진다. 한 젊은 야당 후보의 이 막말 파동은 그것이 과거의 일이고 '연기' 였다고 변명하지만, 그것은 수용될 수 없는 인격적 자질의 문제이다.

선거를 코앞에 두고 더욱 안타까운 것은 한 야당 후보의 이러한 인격적 결함이 청와대의 관리가 연루된 현 정권의 패륜과 상쇄시키려는 물타기 현실이다. 고통도 위기도 그것을 달래거나 수습하는 순서가 있고, 완급이 있고, 경중이 있다. 민간인 불법 사찰이라는 정권퇴진 수준의 중대 국면을 한 야당 후보의 인격적 자질과 맞바꾸려하는 선거전략은 저급하다.(2012)

정치인과 정치꾼

오늘의 정치상황이나 국정운영에 대한 국민들의 실망과 비난은 워낙 큰 것이어서 각 정당들은 총선을 앞두고 다투어 개혁과 혁신을 내세워 새로운 인물들을 찾아 나서거나 낡은 정치인을 청소하려 하고 있다. 그리하여 그동안 잃었던 국민적 신뢰를 회복하려는 노력을 보이고 있다. 정치판이 비상이 아닌 때는 없었지만, 요즘처럼 '비상대책위원회' 니 '공천심사위원회' 니 하는 기구들이 설립되어 활동하고 있는 것은 그 위기감을 더욱 잘 보여준다.

현 정권을 위기로 파악한 여당의 자체검증이나 그것을 정권창출의 기회로 삼자는 야당의 전략은 모두 적절한 상황인식으로 보인다. 그 때문에 우리는 매일매일 매스컴에 보도되는 각 지역(구)의 공천된 인사와 탈락한 인사들의 명단에 주의하게 되고 그들의 공천사유나 탈락사유에서 각 정당의 개혁의 의지와 됨

됨이에 대해 관심을 갖게 된다.

그래서 요즘 신문이나 방송은 온통 탈락, 탈당, 입당, 창당의 소문으로 머리기사를 채우고 있다. 그리고 관련 인사들은 하나같이 공천의 심사기준을 문제 삼고 탈당을 선언하거나 다른 당으로의 입당을 시사하고 있다. 그들은 그때마다 자신들이 몸담았던 정당의 이념이나 인간적 유대에 대한 부정과 불신을 강도 높게 드러내고 있는데, 과연 이들이 그동안 같은 집단에서 함께 국정을 논하고 국민들을 걱정한 사이였던가를 의심하게 할 정도다. 이합집산 합종연횡이라는 정치성향이 바야흐로 다시 반복되는 계절이 되면서 우리는 새삼스럽게 우리의 집단주의적 성향이나 파당적 기질을 되돌아보게 된다.

싸우고 돌아서는 이 기질의 시원이 어디인지 사람들은 그때마다 되묻곤 한다. 그것이 한국인의 분열적인 민족성에서 말미암은 것인지, 아니면 당시의 정치의 구조적인 산물인지에 대해서도 말이 많지만, 예로부터의 파당정치는 오늘에 계속되어 오고 있다.

도전 없이 진행되는 개혁은 없다고는 하지만 요즘처럼 이념보다는 이해에 의해 흐름이 바꾸어지는 난장판은 과거에도 드물었던 것 같다. 탈락이 발표되는 순간 탈당을 선언하는 인사, 공천보류의 기운이 감지되자마자 신당행을 준비하는 인사, 자신이 제의해서 만든 위원회의 결정을 불복하고 비난하는 인사들의 행태는 놀랍다. 만장일치는 폭력이지만 과반수는 정치의 기술이요, 게임의 규칙이다. 신념때문에 집단을 바꾸는 것과 사욕때문에 집단을 바꾸는 행위는 다르다. 어렵지만 집단 속의 개인은 존중되어야 하고, 고통스럽지만 개인은 집단의 결정을 수용할 수 있어야 한다. 집단이나 단체는 개인의 고독을 달래기 위한 둥지라고는 하지만, 집단 속의 개인으로서의 존재감이 탈락—탈당—입당으로 흔들리는 작금의 행태는 구성원의 이기주의의 극단을 보여준다.

계절이 바뀌고 꽃과 나무들의 시간이 오고 있다. 추워서 떠났던 새들은 돌아올 것이고 추워지면 새들은 다시 떠날 것이다. 그러나 자신의 사욕을 위해 떠나는 인간들의 생태는 계절의 공포를 피해 떠나는 철새들의 생리와는 다르다. 정치꾼은 제 몫을 챙기고 정치가는 남의 몫을 챙긴다. (2012)

사실의 허구

소설 창작 강의실에서 가끔 소재의 사실 여부가 관심거리로 등장하는 경우가 있다. 과제물로 제출한 각자의 창작 소설들을 놓고 합평하는 이 시간은 삶의 구체적 현실과 담론들이 마주치는 자유로운 토론장이다. 비록 미숙한 작품이지만 토론의 과정에서 학생들은 자신이 그려낸 삶의 현실을 인식하게 되거나, 앞으로 자신이 참여하지 않으면 안 될 사회적 여러 국면들과 만나기도 한다.

이 작품 토론회에서 가끔 튀어나오는 질문이 '그것은 실제로 있었던 일인가' 라는 한가한 질문이다. 이 경우 질문하는 쪽은 믿을 수 없다는 의구심을 그렇게 표현한 것이고, 그것을 실화라고 고백하는 답변은 믿어달라는 호소의 다른 표현일 것이다.

가령 같은 인물을 하루에 세 번이나 연거푸 만나게 되는 어느 캠퍼스 커플의 창작 소설 이야기는 그래서 사실 여부가 시비될 수밖에 없다. 주인공이 아침 등교하는 지하철 안에서, 학교 도서관의 참고열람실에서, 그리고 밤늦은 시간 대학로의 어느 카페에서 연거푸 세 번 '그녀'와 마주치게 되는 이 기이한 하루는 믿을 수 없다는 항의에 봉착하게 된다. 있었던 일이 있을 수 없는 일로 판정되고 그 작품 속 인물들의 행위는 허위로 치부된다. 소설이나 영화가 이처럼 믿기 어려운 사실보다는 믿을 만한 거짓을 만드는 일, 우연의 사실보다는 개연의 허구에 매달리는 역설은 중요하다.

최근 〈부러진 화살〉이라는 영화가 많은 관객몰이를 하면서 화제가 되고 있다. 주인공이 재판부와 벌이는 불화를 다룬 이 영화는 그 소재의 참신함에서보다는 주제의 시의성에서 많은 공분과 호응을 얻고 있는 듯하다. 〈부러진 화살〉은 실화 '판사 석궁테러 사건'을 소재로 만들어졌다. 2007년 '판사 석궁테러 사건'은 김 모 전 S대 교수가 교수 지위 확인 소송에서 계속 패소하자, 재판장 집 앞에서 항소심 재판장을 향해 석궁을 쏜 혐의로 기소된 사건이다.

이 영화는 일단 사실에 근거하여 만들었다는 점에서 논란을 일으켰고, 특히 어떤 개인의 법정 실화를 모티프로 했다는 영화의 '사실성' 논란은 방어와 반박의 설전이 계속되고 있다.

〈부러진 화살〉이 흥행에도 불구하고 논란을 피할 수 없었던 것은 영화가 실제의 사건과 너무 닮아 있다는 데 있다, 이 아이러니는 영화로 보아달라고 주문하면서도 "90%가 사실이고 10%가 허구"라는 감독의 설명에서 잘 드러난다. 영화를 만들어 놓고 90%가 사실이라는 사족은 무슨 의도인가.

이러한 진술 속에는 사실과 허구에 대한 감독의 잘못된 인식이 전제되어 있는 듯하다. 또한 이 영화에 대한 어느 TV 방송의 심야 토론 프로그램에서 참가자들의 대다수가 판사나 변호사들로 배정된 점은 이 논쟁의 잘못된 성격을 말해준다. 이날의 논쟁은 당연하게도 판사에게 화살을 겨눈 작중의 피고에 대한 비난과 증거물 채택을 거부한 판사에 대한 비난으로 양분되었다.

한 편의 영화를 놓고 이른바 허구와 사실에 대한 대질 심문으로 채워진 이날의 본말전도의 토론회는 한마디로 잣대를 가지고 몸무게를 재겠다는 모양새였다. 그 감독은 영화는 영화이고 현실은 현실일 뿐이라는 말로 대신했어야 했다. 그는 관객들이 실제로 있었던 일과 그것을 영화로 만든 작품과의 차이에 감상이나 평가의 기준을 두고 있을 거라는 선입견에 사로잡힌 것은 아닐까.

'있었던 일' 은 작가나 감독에게 창작의 자극제가 되지만 그 '있었던 일' 이 그들의 자유로운 상상력을 간섭해서는 안 된다. 90%가 사실이고 10%가 허구라는 감독의 말은 뒤집어 보면 이 영화는 그만큼 현실을 반영했다는 뜻일 게다. 그러나 그의 현실 반영이란 현실의 복사를 기준에 둔 것이지, 현실의 재현에 작품의 기준을 두었다는 것과는 다르다.

가령 대학의 김 교수를 어떤 전파사의 박 씨로 바꾸고, 석궁을 오물 쯤으로 바꿨을 때의 영화의 주제와 사실 논쟁은 어떻게 달라질까. 이는 주제를 강화하고 사실과의 대질 심문을 불식시키는 한 방법일 수 있다. 석궁을 들고 판사의 집에 스며들었던 실화의 주인공 김 교수를, 오물을 비닐에 담아들고 판사의 집에 스며든 전파사의 박 씨로 바꾸었다고 해서 영화의 현실 재현성이 떨어지는 것은 아닐 것이다. 석궁을 쏘았던 그 단 한 번의 사건은 반복될 수 있는 사건으로 변주했을 때 비로소 보편적 의미를 띠게 된다. 영화 속 오물이 실제 석궁의 아날로그임을 감지했을 때 심미적 경이감과 개연성은 커진다. 사실은 감상자의 은유적 사고를 자극하고, 해석되고, 변주된 사실이 비유적일 때 비로소 표현이 된다. 우리에게 중요한 소재는 '있었던 일' 이 아니라 '있어야 할 것' 이고 요구되는 인물은 특수한, 일회적 개인이 아니라 보편적, 상징적 개인이다.

사실에 대한 의역과 왜곡은 영화나 소설에게 허용된 서술적 특권이다. 기록을 표방하지 않는 한, 사실을 비트는 서사 전략은 중요하다. 경험하지 않은 것은 한 줄도 쓴 적이 없으며 경험한 것을 그대로 쓴 것도 한 줄도 없다고 한 서양의 어느 작가의 말은 사실과 허구의 상호성과 독자성에 대한 의미 있는 잠언이다. (2012)

돈 봉투의 윤리

돈 봉투 파동이 거세졌다. 이미 이 땅의 수많은 정계, 관계, 재계, 학계 사람들에서부터 일반 대중사회에 이르기까지의 각종 돈 봉투의 의혹과 비리는 그 수준과 범위를 상상하기 어렵게 되었다. 지금의 돈 봉투 파동과는 다소 멀게, 그러나 무관하지 않은 쑥스러운 기억이 있다.

1970년대 초의 어느 여름날 밤 나에게 돈 봉투를 전달한 사람은 내가 가르치던 학생의 할머니였다. 초저녁 여름날 야간학교의 기다란 복도 끝. 학생들이 실내를 부산하게 오가며 떠들고 소란을 피우는 쉬는 시간. 나는 교무실을 나와 일층으로 내려가는 계단이 있는 복도 끝까지 함께 걸으면서 그 할머니를 배웅하였다. "누나는 바쁘니 앞으로는 할머니께서 아이를 좀 살펴보세요. 친구들하고 밖으로만 쏘다니다보니 사고가 난 거죠", "선상님 고맙습니다." 노인은 담임인 나에게 연신 고개를 조아렸다. "애비 어미가 없다보니 무서워하는 사람도 없고……." 노인은 말끝을 흐리며 죽은 아들과 집 나간 며느리를 잠깐 생각하는 듯했다. 그리고는 황망히 허리춤에서 봉투 하나를 꺼내들었다. "이거 지 누이가 선상님 드리라고……" 노인의 말은 느렸지만 나의 양복 주머니에 그 봉투를 찔러 넣는 행동은 민첩했다. 나는 주머니 속의 봉투를 밖으로 꺼내려 하였지만 노인은 이미 나의 손을 눌러 봉투가 밖으로 나오지 못하게 했고 봉투 '전달' 의 임무를 마친 노인은 여름밤의 어둠 속으로 총총히 사라졌다. 낮에는 대학 강의를 나가고 밤에는 고등학교 교사로 나가던 강단 초년 시절이었다.

그 아이는 당시 무단결석에 친구들과 패싸움을 벌여 상대를 흉기로 크게 다치게 한 혐의였는데, 학교 측에 대한 나의 노력으로 퇴학이 정학으로 처리되는 과정을 전해들은 학생의 누이는 울면서 돌아갔고, 야간업소에 다닌다는 그녀는 대신 할머니를 보내 정학 처분에 대한 감사의 봉투를 전한 것이다. 나는 당황하고 얼굴이 달아올랐지만 옆자리의 선배교사는 처음에는 모두 그렇다면서 나를 위로해 주었다.

1980년대의 어느 날 나는 음주운전 단속에서 적발되었다. 밤이 늦은 시간, 집과 지근거리라는 이유로 차를 세운 채 술을 마시고 귀가하던 중 측정을 당했다. 나는 자동차 키를 빼앗긴 채 경찰차로 호송되었다. 도주 우려가 없으므로 일단 귀가조처하게 되었는데, 이튿날 나는 경찰서로 출두하기 전에 친구가 일러준 대로 봉투 하나를 준비했다. 옆에서는 그렇게 많은 돈을 가져가느냐고, 전과가 있는 친구는 그렇게 작게 가져가느냐고 나를 나무랐다. 나는 경찰서에 출두해서 막연히 기다렸다. 이런저런 간밤의 여러 사범들이 조사를 받거나 사실 확인에 들어가기 위해 순서를 기다리고 있었는데, 나는 그 사이 내 앞을 지나치는 경찰 관계자들을 복도로 불러 세우는데 실패했다. 아울러 친구의 지시대로 민첩하게 봉투를 찔러 넣어주고 은밀한 목소리로 "밤늦게 고생하시는 분들 해장국이나 드시라."고 말하라는 지시사항도 물론 실행하지 못했다. 끝내 주머니 속의 돈 봉투만 만지작거리는 망설임의 시간이 지나고 나는 검찰로 송치되었다. 담당 검사에 의해 정상이 '참작' 되어 벌금형과 면허정지로 처벌이 결정되었지만 옆에서는 놀랐고 친구는 나를 비웃었다. 돈 봉투가 면허증을 찾아올 수 있었던 시절의 이야기다.

나의 이 돈 봉투 사건은 결국 불편한 정서로 오래 잊혀지지가 않았는데, 나는 그때마다 돈의 법리와 관행에 대한 생각들을 다시 하게 되었다. 아이에게 관대한 처벌을 내린 선생에게 학부모의 호의가 전달되었던 것은 나쁘지는 않았지만, 그것이 도덕적 마비의 단초였다는 점은 문제였다. 경찰에게 끝내 돈 봉투를 건네지 않았던 일은 잘한 것이었지만, 결국 그렇게 하지 못한 것이었으므로 그것은 준법에의 의지보다는 탈법에의 유혹에 다름없었다. 돈은 부패의 근원은 아니지만 그 통로이기도 할 것이다.

지금 우리 사회는 총체적 부패, 도덕적 해이의 절정에 와 있는 것 같다. 선물과 뇌물, 호의와 대가, 협조와 협박, 법과 관행의 경계가 무너진 지 오래다. 그리하여 요즘의 각 정당들에 벌이는 '돈 봉투 파동' 에 대한 수사는 어디서부터 수사가 가능한 일인지 자문해 보게 된다. 부패에 가담하면서도 그것과 싸워야 하는 이 아이러니가 그나마 희망이다.(2012)

글로벌 코리아

동계올림픽을 한국에 유치하게 되어 평창군민은 물론 많은 국민들이 축제 분위기에 싸여 있다. 두 번의 실패, 세 번의 도전 끝에 경쟁국을 압도적 표차로 누르고 2018년 동계올림픽 개최권을 따냈다. 이 승리는 많은 국민이 합심해 준비하고 응원한 결과로, 연일 터지는 사건사고와 사회비리에 후덥지근하기만 하던 요즘에 모처럼의 청량한 빗줄기처럼 시원한 소식이었다. 한국은 이번 동계올림픽 유치로 1988년 하계올림픽, 2002년 월드컵, 2011년 대구 육상선수권대회에 이어 세계 주요 4개 대회를 유치한 세계 5번째 국가가 됐다. 이 정도면 스포츠 강국으로서의 면모가 확실해졌으며 올림픽을 유치함으로써 얻게 되는 경제적 효과가 88 올림픽의 5배, 월드컵의 2배라는 계산도 뿌듯할 수밖에 없다.

동계올림픽 유치전에서 승리하던 날, 나는 내가 재직했던 대학에서 학위를 마치고 자국으로 돌아가 한국문학을 가르치고 있는 한 외국인 제자의 이메일을 받았다. 그녀는 현재 터키의 한 대학의 한국학과 소속 교수로 재직하고 있는데, 한국문학을 강의할 적당한 교재에 대해 상의해 왔고, 자국어로 된 한국학 개론서 하나 없는 실정을 걱정했으며, 모 재단의 해외파견 한국학 교수요원 공모에서 선정되면 가기로 약속한 한국인 친구의 근황도 물어왔다. 나의 답메일은 그녀의 푸념에 못지않게 답답한 내용으로 채워졌다. 한국학 진흥을 위해 당국은 그 지원의 범위와 예산을 확대하고는 있지만 필요한 곳에 대한 지원이 수월치 않다고 썼고, 한국학 관련 과목이 개설된 곳은 60여 개국 700여 개 대학이나 된다고 수치까지 대며 지원의 어려움을 대신해보았다. 그러나 해외 한국학의 지원이 해외 일본학의 3분의 1 수준에 불과한 현실은 말하지 않았다. 일본학이 개설된 대학은 100여 개국 2400여 개 대학이나 된다는 것도 말하지 않았다. 게다가 한국학 교수를 임용하는 국가는 북미와 호주, 뉴질랜드 등 극소수에 불과하다는 얘기도 당연히 생략했다. 파견교수를 지원한 친구는 선정에서 제외되었으며, 나 같은 퇴임교수도 받아준다면 가서 한두 학기 강의할 용의가 있다고 그녀를 위로해 주었다.

그러는 한편으로 이번 올림픽을 유치하기까지 두 번의 실패를 거치며 10년을 기다리는데 투여한 노력과 경비는 얼마일까도 생각해 보았다. 그 계산은 그리 간단하지는 않을 것이다. 올림픽 말고도 우리는 그동안 G20 서울 정상회의를 유치했고, 아랍에미리트연합(UAE)에서 해외원전을 수주했으며, 서울 핵안보정상회의를 유치하기도 했다. 대통령을 프레젠테이션에 내세우고, CEO형 지도자가 이상적 존재로 존중되며, 실질이 명분에 앞서고 이념은 방법에 밀리는 게 현대사회이다.

그러나 우리가 일감을 따오고 국제회의를 유치하는데 바친 노력과 경비의 얼마만큼을 소요하면 '글로벌 코리아' 의 인문사회적 수치가 높아질 수 있을까를 생각해 보는 일은 중요하다. 눈에 보이고 만져지는 거대 기구, 생산과 교환의 메커니즘이 지배하는 세계 안에서의 우리의 방향은 어디여야 하는가는 그 방법론일 것이다. 이제는 이러한 하드웨어의 이념과 가치에 부합되게 작동하고 유지되도록 하는 소프트웨어의 유기적이고 논리적인 체계는 무엇이어야 하는지를 생각할 때이다. 체제 혹은 기계로서의 하드웨어와 개인 혹은 프로그램으로서의 소프트웨어를 어떻게 조화시켜야 하는가가 그것이다. 중요한 것은 눈앞에 현시된 하드웨어가 아니라 숨어있는 프로그램인 소프트웨어일 것이다.

한 나라의 문화적 전통은 이웃과의 관계 속에서 그 독자성이 살아나며, 한 나라의 창조적 문화는 그 이웃과의 융합 속에서 계승된다. 그러므로 올림픽 유치에 대한 자부심과 환호는 우리 정부나 기업이 '글로벌 코리아' 를 위해 함께 지원해야 할 것들이 무엇인가에 대한 인식이 전제되어야 할 것이다.(2011)

언어의 술수

여권의 한 고위 관리가 최근 야권연대의 시장 후보로 떠오른 사람을 두고 한 말이 말썽이다. 야권의 유력 서울시장 후보가 된 그 변호사가 운영하는 재단에 대한 대기업의 후원금은 "순수한 나눔의 차원이 아니라면 굉장히 문제될 수 있다"고 하였다. 이 진술은 표면적으로 매우 당연한 일반론이지만, 뒤집으면 그 재단의 후원금에는 어떤 혐의가 있다는 말로 받아들이게 된다. 그러므로 이 진술의 당사자에게는 책임이 따른다. 그리고 이 말은 한편으로는 '증거를 대라'는 반론에 대해 '원칙을 얘기한 것'이라는 답변을 예비하고 있으므로 발화자는 크게 책임질 필요가 없는 것처럼 보인다. 그러나 우리는 이 기사에서 그 '아름다운 재단'이라는 이름의 자선단체에 구린 데가 있음을 예단하게 되고, 머지않아 그 재단의 장부가 압수수색 당할지도 모른다는 상상이 가능해지므로 발화자의 의도는 일단 관철된 셈이다.

그러나 "~이 아니라면 ~일 수 있다"는 가정과 유추가 중복된 이 언술에는 음험한 언어적 술수가 개입되어 있다. 순수한 나눔이 아닐 경우를 얘기함으로써 순수한 나눔의 현재가 부정되고 문제의 발생이 예견되어 있다. 이 적대적인 언사, 비판의 미래시제를 말하기의 현재시제에 결합시키는 이러한 시간적 왜곡이 이 사회의 도처에서 벌어지고 있다.

얼마 전, 경찰청장에 임명된 사람이 노무현 전 대통령의 차명계좌의 존재를 말하고, 그 때문에 죽음을 택할 수밖에 없었다고 얘기 했을 때 사람들은 놀랐고 당연히 사실 여부와 그 근거를 물었다. 그러나 그는 청문회에서 무려 십여 차례나 '말씀 드리기 곤란하다'는 말만을 정중하게 반복했다. 인터넷 가십만으로 '전 대통령 차명계좌' 발언을 했다고 시인하면서도 끝내 자신의 의견을 사실로 왜곡하려는 의지를 굽히지 않았다. '말씀 드리기 곤란하다'는 이 우아하고 점잖기 짝이 없는 완곡한 진술 속에 도사린 발화자의 노림수는 무서운 수준이었다.

지난 대선에서 현 대통령의 BBK 관련 혐의가 문제되어 곤욕을 치를 때 그 동영상에 대해서 당시 대변인이었고 지금은 여당의 유력한 서울시장 후보인 여성의원은 " 'BBK를 설립했다'에 '내가'라는 주어主語가 없다"는 '명언'을 남겨 세상을 놀라게 했다. 바로 어제는 최근의 저축은행의 비리에 관련하여 피의자가 만난 여권의 중진들 리스트를 발표하자 청와대의 특보라는 사람이 폭로자인 야당 중진의원에게 "인간적으로 섭섭합니다. 그 정도밖에 안 되는 인간인지 몰랐습니다."라는 문자메시지를 보냈다. 그리고 이 메시지가 공개되고 비난이 일자 '그 정도밖에 안 되는 인간인지 몰랐다' 는 주어(여기서는 주체)가 '당신(너)' 이 아니라 '나(자신)' 였다고 변명하여 또 한 번 사람들을 놀라게 했다. 이쯤이면 말의 사술詐術의 극치이다.

이러한 언어의 사술이 폭력의 흉기로 둔갑한 경우, 이를테면 노동운동을 고무하는 여배우에게 "못생긴 게 함부로 씨부렁거린다" 고 퍼부어대는 국회의원이나 "춘향전은 이몽룡이 여자 따먹는 얘기" 라는 식의 어느 도지사의 막말과 어울리면 오늘의 우리 정치인의 의식이 어느 정도로 다양한 수준인가를 잘 보여준다.

비유나 상징은 예로부터 에둘러 말하기의 본보기이며 풍자나 유머, 역설과 위트는 말과 글에 맛과 향기를 더해줄 뿐만 아니라 세상의 이치와 흐름에 대한 지혜를 보여주는 수사법으로 이해되어 왔다. 설득과 권설의 수단으로서의 말하기의 기술이 문학의 주요 덕목인 수사학이 되기까지 표현적 존재로서의 인간의 품격은 존중되어 왔다. 시속의 변화가 표현의 세속화를 불가피하게 만들었다고는 하지만 오늘의 말의 기술은 이미 사술의 경지로 넘어선 지 오래다. 언어적 어투는 사회적 어투를 그대로 닮는다. 이 양자의 상호성에서 우리는 이 시대의 정신의 천박성을 다시 확인하게 된다.(2011)

이름과 행적

최근 『친일인명사전』에 말이 많다. 민족문제연구소에서 펴낸 이 사전은 과거 매국행위에 가담하거나 독립운동을 탄압한 반민족 행위자, 군수나 검사, 소위 등 일정 직위 이상 부일 협력자 등을 수록했으며, 대중적 영향력이 큰 교육이나 언론, 종교계 종사자와 지식인 등은 더 엄중한 기준을 적용했다고 한다.

일이 이쯤 되다보니 이 사전에 등재된 인물들 본인은 물론 관련 유족들의 항의와 해명이 이어졌으며 그 파장은 만만치 않다. 어떤 유족은 자신들의 선대의 '역사적 과오'에 대해 정중히 사죄하는 성명을 발표하는가 하면 어떤 유족은 사실무근, 왜곡, 과장을 들어 인명사전에 항의했다. 보수 우파 단체와 민족문제연구소 간에도 논쟁이 벌어졌다. 20여 개 보수주의 성향 단체들은 기자회견을 열고, "민족문제연구소는 대한민국의 건국을 부정하고 정략적 목적에 의한 친일 조작, 역사 왜곡으로 대한민국의 지도자들을 근거 없이 음해하고 있다"며 "체제 수호와 국가 안보 차원에서 민족문제연구소를 반국가 이적 단체로 고발할 예정"이라고 밝혔다. 이에 대해 민족문제연구소 측은 "해방 공간에서도 독재 정권 하에서도 친일 세력은 반공을 전가의 보도처럼 사용했다. 친일에서 친미·친독재로 권력과 부를 좇아 기회주의적인 변절을 거듭한 자들과 반성하지 않는 그들의 후예들이 치부를 감출 수 있는 유일한 공간이 반공"이라며 "좌파 인물이나 월북 인사들에 대한 (친일의) 객관적 증거가 확보되고 기준에 부합한다면 어떤 인물이라도 사전에 등재할 것"이라고 반박했다. 일부 극우, 보수세력들은 구체적 친일 행위가 드러난 여운형, 안재홍 등을 고의로 조사 대상에서 제외하는 등 좌편향적인 시각으로 사전을 편찬한다는 의혹을 제기하였고, 친일진상규명위에서는 좌익편향에 대한 지적을 반박하여 여운형, 안재홍 등은 친일행위가 없음을 공식적으로 확인하기도 했다. 유명보수 논객 J 씨는 자신의 블로그에 올린 "친일파親日派와 친북파親北派 비교"라는 글을 통해, L 씨는 뉴 데일리에 기고한 "친일사전 만든 이유"라는 글에서 친일 행위를 나라를 잃은 백성으로서는 불가항력적인 선택이었다고 규정하고, "이미 일제에 의해 조선이라는 나라가 사라진 마당에 식민지의 대중과 지식인들이 생계를 위해서건, 출세를 위해서건 체제에 순응한 것은 당연한 일이고 이를 탓하는 건 가혹한 일"이라고 주장하고 나섰다.

우리의 근현대 문학 분야의 경우에도 수많은 인사들이 여기에 등재되어 있다. 이인직은 「혈의누」 같은 근대적 기법의 소설을 썼지만 친일적 언행으로 일관했고, 이광수는 「무정」 같은 근대적 장편소설을 썼지만 민족을 개조해야 한다고 주장하였으며, 주요한은 「불놀이」를 썼지만 대동아공영을 외쳤다. 김동환은 「국경의밤」을 썼지만 각종 친일단체의 핵심으로 활약했고, 유치진은 「토막」을 무대에 올렸지만 '국민연극' 주창했고, 최재서는 서구 주지주의문학을 소개하면서 일본국민의 이상을 담은 문학을 주창했다. 백철과 김기진은 인간탐구론을 폈다가 '국민문학', '황국문학' 으로 돌아섰으며 서정주는 「화사」를 썼지만 창씨개명하여 황군으로 출정하는 조선청년의 가슴에 그려진 '자랑스러운 일장기' 를 노래했다. 이효석, 안수길은 「메밀꽃 필 무렵」, 「북간도」를 썼으면서도 한편으로는 내선일체를 작중의 남녀문제로 실천했다. 일제암흑기의 "쓸 수도 없었고 안 쓸 수도 없었던", "그렇게라도 하지 않으면 살아남을 수 없었던" 당시의 참혹한 감시, 검렬, 회유의 문단 사정을 짐작케 해 준다.

이처럼 우리의 근대문학사 교실은 우리를 긍지와 비애 속으로 몰아넣는다. 단재나 박은식의 역사전기소설의 준열한 역사의식을 얘기할 때나, 한용운, 이육사, 소월의 시 정신의 매서움과 망국인의 정서를 얘기할 때는 신명이 나지만, 이광수나 최재서를 얘기할 때면 이들의 문학적 성취에 따라붙는 시대에 대한 개인의 책임에 대해 토를 달지 않을 수 없다. 역사는 다만 흘러 지나간 과거가 아니라 기록되어야 한다는 점에서, 그리고 그 기록은 오늘의 우리에게 기억되어야 할 뿐만 아니라 우리가 앞으로 참여하지 않으면 안 될 미래에 대한 예측의 자료로 사용되어야 한다는 점에서 사실의 진실성과 판단의 냉혹성은 필수적이다.

갑오—을사—합병—삼일운동—광복으로 이어지는 격동의 한국 근현대사는 당시의 지식인들에게 봉건적 질서로부터 벗어나려는 열망과 식민지배에 대한 저항이라는 이중삼중의 역할이 요구되었던 시대이다. 그들은 시인이자 기자이며 독립운동가의 역할이 함께 요구되었으며 그 시대적 중압감은 무겁지 않을 수 없었다. 어려운 시대일수록 정치인, 문인, 학자, 언론인들은 민족과 국가에 대한 자신의 시대이념이나 가치관의 주체적 태도를 결정해야 했으며, 일반 대중 또한 그들 나름의 시민적 자각이 요구되기도 했다. 어려운 시대일수록 자신의 삶의 이념에 대한 선택은 필수적 요건이 된다. 이른바 '선택' 이란 우리들의 삶을 지배하는 보편적 원리이며 방식이다. 우리가 세상에 태어난 것은 자신의 의사가 아니었지만 그가 어느 길을 갈 것인가의 결정은 전적으로 자신의 의사이다. 그 결정은 자유로운 것이지만 그 선택은 책임이 따를 수밖에 없다.

한 인물에 대한 평가는 따라서 그의 삶의 총체성을 드러내는 것이어야 하므로 그 판결은 조심스럽고 냉엄할 수밖에 없다. 가령 최남선의 경우, 신문화운동을 폈고 3·1 운동 때는 독립선언문을 기초했으며 민족대표 48인 중의 한 사람으로 체포되어 2년 6개월 형을 선고받은 것이 그의 전반부의 생애이다. 이후 1938년 조선총독부 중추원 참의가 되어 《만몽일보滿蒙日報》의 고문을 지내고 일본 관동군이 세운 대학의 교수가 되었고, 재일조선인 유학생의 학병지원을 권고하는 강연을 했으며, 광복 후 친일반민족행위자로 기소되어 1949년 수감되었으나 병보석되기까지가 그의 후반의 생애였다. 그리고 6·25때 해군전사편찬위원회 촉탁이 되었다가 서울시사市史 편찬위원회 고문으로 추대되었고, 그 후 국사관계 저술을 하다가 뇌일혈로 작고한 것이 그의 말년이다. 백과사전의 이 기록은 역사와 시회에 대한 그의 관점이 극명히 갈리면서 후반기에 이르러 그의 역사적 과오는 씻을 수 없는 것이 되었다.

김성수의 경우는 논란이 가장 심하다. 그는 일제 강점기에 기업활동, 언론활동, 교육활동, 독립운동의 모든 영역에서 역사에 기록되어야 할 혁혁한 활동을 한 사람이다. 그의 '친일' 에 반하는 활동은 기미년 독립선언 준비에서부터였다. 송진우와 함께 학교를 운영하면서 동아일보를 설립하였고 기사 삭제, 압류, 배포금지의 탄압에 대항하였다. 그는 손기정 일장기 말소사건이나 물산장려운동의 배후자였으며 대한민국임시정부와 안창호의 기금후원자였다. 보성전문학교 인수와 고려대학 승격 역시 교육구국에 대한 일념의 실천이었다. 그러나 태평양전쟁 이후 창씨개명에 응하지는 않았지만, 이후의 그의 삶이 친일의 의혹에 빠진다. 그의 '부일협력 '의 이력은 친일단체의 총무위원(국민총력조선연맹), 준비위원(흥아보국단결정준비위원회), 감사(조선임전보국단)로 활동하면서 학병제 징병을 찬양하는 글을 쓰거나 강연했다. 이는 총독부의 가혹한 감시와 탄압을 피하기 위한 호신책이었을 가능성도 배제할 수 없다는 견해도 있고, "문제의 '학도병' 기사는 조선총독부 경무국의 압력을 받은 총독부산하 기관지 매일신보사의 기자 김병규가 유진오와 상의한 뒤에 대필하여 승인을 받은 글." 이라는 증언도 있다. 인촌의 친일 의혹에 대해 "일제 시대에 인촌 같은 이가 없었다면 과연 우리가 자주독립의 기반을 닦을 수 있었을까 하는 의문을 갖는다. 그 시대를 살아보지 못한 사람들이 흑백논리적 잣대로 역사인물을 평가하는 것은 어색한 일"이라는 증언도 있다. 김수환 추기경의 "그런 어른을 단순하게 관찰하고 친일이라고 몰아붙이는 것은 해도 해도 너무한 일입니다."라는 변호도 있다. 아무튼 그는 광복 후에 군정기와 정치활동을 통해 이러한 친일에 반하는 활동을 보여준 바 있다.

『친일인명사전』에는 분명히 친일에 복무한 인사들의 이름이 실려 있다. 그리고 그것은 '증거'에 의한 것이었으며, 따라서 그들의 시대적 과오는 단죄되어야 한다. 그러나 역사는 현재적 관점의 산물이면서 그 평가는 미래를 위한 것이므로 한 인간의 역사적 총체성은 개인적 사실(fact)의 합을 넘어서는 것이어야 한다. 우리는 독립운동가, 문인, 교육자, 정치인의 이름에 부합되지 못했던 그들의 삶을 안타까워하면서, 한편으로 부분이 전체를 대신하는 평결도 아울러 경계해야 한다. 식민적 상황에 대한 고려없는 어떠한 지적 사회적 활동에 대한 평가도 온전한 것이 아니라는 비평적 관점은 중요하다.

그리하여 '친일인명'이라는 명명命名의 폭력성을 경계하지 않은 진단은 또 다른 폭력일 수 있다. 이름이란 그렇게 불러줌으로써 그렇게 존재하기 시작한다. 이름이란 세상에 대해 내세우는 자신의 독자성과 절대성의 소산이며 그 존립의 근거일 것이다. 육당과 인촌과 춘원의 '친일'은 그러므로 '행적'이지 '인명'은 아닐 것이다. 이름이란 자신의 이상을 담은 하나의 환상일 수도 있지만, 중요한 것은 그 이름들이 추구하는 바의 가치일 것이다. 그들은 친일의 '행적'을 우리에게 보여주었지 친일의 '인명'을 대신하지는 않았다.

그들을 『친일인명사전親日人名辭典』에 등재할 것이 아니라 『친일행적사전親日行蹟事典』에 등재시켜야 한다. '친일'은 '인명'이 아니라 '행적'이어야 한다. 이는 어려운 시대를 살았던 이들에 대한 용서도 아니요, 절충도 아니다. 사실에 기초해야 하는 역사방법론의 반영일 뿐이다.(2010)

일상의 불안

지하철을 타면 불안해진다. 앞자리에 앉아있던 학생이 자리에서 벌떡 일어날까봐 우선 불안하고 그가 끝내 자리에 앉아 버티고 있을까봐 다시 불안해진다. 내가 경로석 쪽을 힐끗 쳐다본 것은 그쪽에 자리가 있나 살피기 위한 것이 아닌데도 마침 거기에 앉아 스마트폰에 몰두하고 있는 이십대 아가씨와 눈이 마주칠까봐 불안하다. 물론 그 아가씨는 내가 왜 그녀를 쳐다본 것인지 눈치챌 인격은 아니지만 눈치를 챘다 하더라도 젊은 노인이 무얼 참견하려드느냐는 눈으로 나를 마주볼 것이므로 나는 다시 불안해 할 것이다. 양은그릇을 들고 녹음된 찬송가를 틀며 복잡한 차내를 가로지르는 중년사내와는 어깨가 부딪치는 것이 두렵다. 내가 동전이나 지폐가 든 그의 양은그릇을 떨어뜨릴까 걱정되어서가 아니라 동전 하나 안 넣은 주제에 왜 불쌍한 사람을 떠미느냐고 그가 나에게 시비를 걸어올까가 걱정되어서다.

지상으로 나를 실어나르는 에스컬레이터의 왼쪽에 서 있는 것도 불안하다. 누군가가 뒤에서 심하게 나를 오른쪽으로 밀어제치며 올라올 것이 불안하고 내가 그의 눈과 마주치는 것이 불안하다. 그는 틀림없이 이쪽은 바쁜 사람들을 위해 만든 도보용 통로라고 우길 것이고, 그게 아니라 무게중심이 한쪽으로 치우쳐 에스컬레이터를 위한 지하철 당국의 보호조치로 두 줄로 서서 올라가게 한 지가 오래되었다고 말해 보아야 웬 범생이냐고 노려볼 것이기 때문이다.

집에 들어와 TV를 켜는 것이 불안하다. 해적들을 소탕하고 그들을 붙잡아 온 것은 썩 잘한 일인데 그들을 잡기까지의 작전 수행과정을 드라마형식으로 재구성해 보이는 장면은 싫증이 난다. 우리 군의 작전노출을 그들에게 드러내 보인 것이 못마땅해서가 아니라 그때마다 연평도에서의 우리가 보여준 대비전략이 다시 생각나기 때문이다. 해적에게 총탄을 맞고 의식을 회복하지 못하는 선장의 모습은 우리를 안타깝게 하지만, 그를 쏜 해적들이 타고 온 비행기가 특별기였다는 보도는 불쾌하다. 범행의 무리를 압송해야 하는 것은 당연한 일이지만, 우리가 그들을 그렇게 빨리 그리고 비싸게 데리고 와야 할 이유가 무엇인지를 생각하면 알 수 없는 의혹이 닥쳐온다.

우리 사회가 총체적으로 불안하다. 위장전입을 스무 번이나 했거나, 사람을 치어 음주 뺑소니를 한 사람이 장관에 임명되었다는 보도는 우리를 불안하게 하지만, 그들로부터 충분한 소명을 들었다는 임명 당국의 해명은 슬프다. '웃긴다' 와 '웃기지도 않는다' 가운데 어느 것이 더 웃기는 것이냐고 사람들은 우스갯

소리를 한다. 정의와 도덕에 관한 책이 베스트셀러가 되어있는 우리 사회는 웃기지만, 빽소니 치사사건에 대한 충분한 소명을 들었다는 해명은 웃기지도 않는다.

사회의 모습은 큰 틀이 작은 틀을 다스리게 된다. 예술과 풍토, 정치와 사회는 서로 닮기를 그 속성으로 한다. 위트와 아이러니와 패러독스 상징이 예술작품 속에 난무하던 때는 예술의 융성을 말해주는 것이면서도 한편으로는 그 예술이 탄생하게 된 사회의 절망과 어둠의 표현이었음을 보여준 사례가 많다. 은어, 비어, 암호, 기호가 판치던 시절은 그 절망과 어둠으로부터 숨통을 트고자 했던 민중들의 자기구제의 방법이었다. 정치가 웃기는 계절은 어느 정도 재미있을 수 있다. 그러나 그들이 웃기지도 않은 현실의 제조기일 때 민중들의 불안은 공포로 봉인될 수밖에 없다. TV 앞에 앉아 뉴스를 보기가 불안한 것은 우리가 정치가의 거짓말을 들어야 하는 일 때문이 아니라 이제 우리가 웃어야 할 일이 없어져 버린 사회에 대한 불안 때문이다.(2011)

새로 짓는 광화문

문화재 복원에 대한 논란이 많다. 새로 지은 광화문의 현판에 금이 가자 거기에 사용한 나무의 재질이 무엇이었고, 그것은 적절한 것이었는지, 이러한 사태에 대한 책임의 소재는 어디인지, 특히 현재의 한자 현판은 과연 타당한지, 그것을 한글로 바꾸는 것은 또 어떠한지에 대한 논란들이 그것이다.

광화문은 섬세하면서도 웅대한 조형미와 함께 장려한 외관을 자랑하는 잘 만들어진 궐문으로 평가되고 있다. 기록에 의하면 당초 1395년(태조4)에 창건되어 〈사정문〉으로 불리다가 세종 때 집현전에 의해 〈광화문〉이라고 명명되었다고 한다. 그러다가 임진왜란 때 소실, 이후 270여 년이 지난 1864년(고종1)에 대원군에 의해 경복궁이 재건되어 다시 옛 모습을 되찾았다. 그러나 한일병탄 후 1927년, 조선총독부에 의해 경복궁 동문인 건춘문 북쪽으로 강제이전 당한다.

당시 한 기자는 〈헐려짓는 광화문〉이라는 칼럼에서 이때의 슬픈 정황을 "다시 옮기는 그곳은 북악을 등진 옛날의 그곳이 아니며, 다시 옮기는 그 방향은 구궁을 정면으로 한 옛날의 그 방향이 아니다. 서로 보지도 못한 지가 벌써 수년이나 된 경복궁 옛 대궐에는 긴 장림에 남은 궂은비가 오락가락한다. 광화문 지붕에서 뚝딱하는 망치 소리는 장안을 거쳐 북악에 부딪친다. 남산에도 부딪친다. 그리고 애닮아 하는 백의인의 가슴에도 부딪친다."라고 썼다. 그 후 6·25 전쟁으로 불에 거의 타버린 것을 1968년에 철근 콘크리트 구조로 복원시켰다. 그리고 2006년에 목조 광화문 복원 및 이전 공사가 다시 시작되어 2010년 완료, 광복절에 일반에 공개되었다.

광화문은 이렇듯 사회적 풍랑과 정치적 맥락에 따라 여러 차례 소실과 이전, 중건을 반복하면서 '복원' 되는 수난을 겪었다. 우리는 세종로를 지날 때마다 광화문을 배경으로 서 있거나 앉아있는 충무공과 세종의 거대한 동상의 크기에 압도되어 심미적 거북함을 느끼면서도 한편으로는 경복궁 광화문을 드나들었을 수백 수천의 군상들을 떠올리고는 이내 숙연해지곤 한다.

그리하여 우리는 새로 단장한 광화문에서 하나의 축조물이 아닌, 과거에 대한 긍지와 미래에 대한 소망을 보게 된다. 그것이 〈光化門〉이어야 하는지 〈광화문〉이어야 하는지를 놓고 논란을 벌이는 것은 그러므로 단순한 실승논생은 아닐 것이다. 원래의 모습이 〈光化門〉이었고 다만 지금은 그것을 '복원' 해 놓았으니 당연히 〈光化門〉일 수밖에 없다. 한자문화권 아래에서, 그것도 한글이 만들어지기도 전에 세운 궐문의 이름이니 한자로 새길 수밖에 없는 것은 당연한 이치다. 그러나 안타깝게도 그것은 이미 불타 없어졌으며 다시 지은 광화문은 복제된 궐문이다. 같은 모양으로 축조하여 세운 것이라 하여서 그것이 복원되었다고 볼 수는 없다.

그러므로 40여 년을 세종로를 굽어보며 서 있던 〈광화문〉이라는 한글 현판을 떼어낸 것은 매우 잘못된 일이었다. 그것은 한 독재자의 글씨이기 전에 한자문화에 대한 민족문화의 주체선언이었으며 이미 보존되어야 할 또 하나의 문화재가 된 때문이다. 이미 없어진 한자 현판의 형상을 스캐너로 떠서 오려 붙이는 것은 원형주의를 표방한 베끼기일 뿐이다.

〈光化門〉의 현판을 〈광화문〉으로 바꿔 다는 것을 주저하지 말아야 한다. 한글창제의 산실이 경복궁이었다는 이유 이전에, 〈광화문〉의 작명자가 집현전이었다는 이유 이전에, 세계인이 드나드는 수도 서울의 대문이라는 이유 이전에, 무엇보다도 그것이 '나랏말' 이기 때문이다.

문화재는 보존되어야 하고 복원되어야 하지만 복사는 복원이 아니다. 창조적으로 해석하고 계승함으로써 복원은 비로소 가능해진다. 비슷한 것은 가짜다. 우리가 복원해야 할 것은 형상이 아니라 그 정신이다.(2011)

얼짱
공화국

'얼짱' 은 얼굴이 예쁘거나 잘생긴 사람을 속되게 이르는 말이다. 최근 우리 사회는 이 얼짱에 대한 흥미가 과도해져서 연예계, 스포츠 스타들은 물론 다른 분야의 인물들 모두에게로 그 범위가 넓어지고 있다. 축구의 얼짱, 체조의 얼짱을 지나 이제는 국회의 얼짱이 회자되었고 앞으로 종합청사 A부의 얼짱, B대학의 얼짱, 문단의 얼짱…으로까지 번질 기세다. 가히 '얼짱공화국' 이라 이를 만하다.

'얼짱' 은 '얼굴이 짱이다(1등이다)' 라는 말이 줄어든 말로 이미 국어사전에도 등재되어 있다. 이 반대말로 '얼굴이 꽝이다' 라는 말을 줄여 '얼꽝' 이라 한다는데, 짐짓 이 말은 사전에 등재되지 않고 있다. 어떤 인눌의 풍재와 인변, 혹은 그의 하문이나 분별력을 관리가 갖추어야 할 조건으로 삼았던 예로부터의 신언서판의 규정이나, 설움 가운데 인물설움이 가장 서럽다는 세간의 속언은 사람들이 무엇보다도 외모에 매달리는 이유를 잘 말해 준다. 얼굴의 생김새를 통하여 타인을 평가하거나 그에게 다가가려는 경향은 자연스럽지만 바람직하지 않다는 것 또한 우리가 아는 바이지만, 이러한 경향은 이제 사회의 문제적 현상이 되었다.

가령 이번 아시안게임의 뉴스 보도들은 이러한 즉물적이고 말초적인 사회풍정들의 반영이라 하겠다. 나에게 그것은 운동시합인지 미인대회인지가 혼동될 정도였다. 어떤 매체는 "이번 아시안게임에서는 초반부터 국내 얼짱 선수들이 화제다. 차○○(당구), 정○○(수영), 손○○(리듬체조), 이○○(바둑), 한○○(배구) 등이 그 대표적인 선수들이다. 당구계 얼짱으로 유명한 당구대표 선수 차○○은 광저우에 입성하면서부터 중국 현지 언론 등에 관심을 받았다. 중국 포털사이트 '시나닷컴' 은 12일, 차○○을 자국의 영화배우 장백지를 빼닮은 한국의 미녀 당구 선수라고 소개하기도 했다. 손○○는 '리듬체조의 김연아' 로, 한○○는 모델 뺨치는 키와 몸매로 이미 팬들 사이에서는 유명한 얼짱이다……."라 하였는데 이 정도는 운동실력 못지않게 미모이기도 한 스포츠 스타들에 대한 보도로 자연스러운 코멘트일 수 있다. 그러나 "골키퍼 문○○(20, ○○과학대)도 청순함과 섹시함을 겸비한 팜므파탈의 매력으로 눈길을 모으게 한다."는 어린 소녀에 대한 폭력적 묘사이며, 더구나 한 성형외과 원장의 '도움말' 까지 곁들여 "오뚝한 콧대와 탄력 넘치고 통통한 볼살로 인해 사랑스럽고 앳되고 귀여운 이미지가 더해진 외모가 특징이다. 그중 동그랗고 또렷한 눈매에 자연스럽게 얼굴과 조화를 이루는 '쌍꺼풀' 이 가장 돋보인다. 최근 겨울을 맞아 쌍꺼풀 수술을 계획하는 사람들이 많은데, 이런 '자연스러움' 은 성형에 있어 가장 중요한 포인트라 할 수 있다." 고 썼다. 이어서 "쌍꺼풀은 얼굴 전체의 미학적인 관점에서 바라보는 것이 중요하다. 쌍꺼풀 수술은 강제로 연결고리를 만들어 주어 단순히 눈만을 변화시키는 것이 아니라 눈지방과 근육, 피부들을 잘 다듬고 조작하여서 전체적인 분위기와 어울리는 아름다운 눈을 만드는 작업이기 때문이다." 는 의사의 말을 덧붙였다. 이 정도면 스포츠강국으로서보다는 성형강국으로서의 면모가 두드러지는 보도이다.

얼마 전에는 현역 국회의원이 대학생들과의 간담회에서 외모로 여대생을 폄하하거나 성적으로 희롱하는 발언으로 물의를 일으킨 바 있다. 그는 여기에 덧붙여 동료 국회위원인 각 정당의 여성의원들의 신체에 대한 평가를 내렸다. ○○○의원은 얼굴은 예쁘지만 키가 작아 볼품이 없다, ○○○의원은 60대 이상 남성의원들이 밥 한끼 먹기 위해 줄을 선다, 여성의원 외모는 △△당보다 ○○당이 더 낫다……. 이쯤이면 한가히 즐기는 가십 혹은 여담으로서의 미인론의 수준을 넘어 본말전도 혹은 성도착의 수준이다.

한 인물의 외모의 특성이 그의 존재감을 드러내주거나 어떤 이미지를 강화해주는 효과는 중요하다. 그러나 이러한 외모에 대한 과도한 집착과 신체에 대한 왜곡된 관심은 인간과 사회에 대한 해석적 관점과 가치관에 혼란을 가중시킨다. '얼짱' 이니 '얼꽝' 은 자신의 사회적 자질과는 무관한 사족이며 중요한 것은 그가 하는 일과 해놓은 일이 '짱' 인지 '꽝' 인지에 달려있을 것이다.(2010)

재난의 역설

일본 동북부를 휩쓴 쓰나미가 우리를 전율케 했다. 거꾸로 일어선 바닷물이 빠른 속도로 해안선을 넘고 방파제를 무너뜨리고 집과 건물을 집어삼키는 장면은 영화 속의 그것보다도 극적이었으며 삽시간에 자동차와 집채들이 회오리치는 물에 휩쓸려 떠내려가는 재앙의 순간은 공포였다. TV 화면에 비친 그 재앙의 현장은 믿기지 않을 정도로 참혹했고, 도시는 본래의 모습을 상상할 수도 없게 흔적 없이 사라지고 말았으며, 오직 그곳을 훑고 지나간 쓰나미의 흔적만이 갈라진 땅과 뒤엉켜 나뒹구는 건물들로 남았다. 사망자와 실종자는 집계가 불가능하며 그 숫자는 이미 수만 명을 넘을 것으로 보고 있다.

이번 참사는 금세기 세계에서 네 번째로 강력한 9.0의 지진이라 했다. 역대 최악의 지진인 1960년의 칠레지진과 1964년 미국 알래스카의 지진, 그리고 2004년 동남아시아 14개국을 덮친 쓰나미로 22만 명의 목숨을 앗아간 인도네시아 수마트라의 지진에 다음가는 규모라고 한다. 아직도 일본에서는 지진 발생 이후 백수십 차례에 걸쳐 여진이 발생하는 등 지진의 공포가 계속되고 있다. 여기에 원자력 발전소의 방사능 유출까지 겹쳐 일본 열도가 더욱 공포에 휩싸여 있다.

인류가 당한 재난의 규모와 범주는 헤아릴 수 없이 크고 넓으나 그 재앙의 진원지는 주로 인간과 자연 양쪽 모두에서부터였다. 국가적 이념이나 집단의 이해로 출발한 전쟁의 참화가 인간에 의한 대표적인 사례이겠지만 인류에게 시련을 주어온 자연으로부터의 재난은 우리들로 하여금 우주 속의 그 어느 것도 확고한 것에 도달할 수 없다는 절망감과 다만 우리가 알 수 있는 것은 그 자연의 변화무쌍한 현상들에 대한 것이라는 것만을 가르쳐 줄 뿐이었다. 신화의 대상이 과학의 대상으로 바뀌자 인간은 자연을 변화시키거나 정복해 볼 꿈도 꾸어보지만, 우리에게 돌아오는 것은 그 불가해한 것들에 대한 확인에 불과한 것이었다.

일본의 이번 재앙은 우리가 그들과 함께 나누어야 할 것들이 무엇인가를 생각케 해 준다. 그것은 우리 역시 지진으로부터 자유로운 안전지대에 있는 것만은 아니라는 상황인식 때문이 아니라 그들이 우리의 이웃이기 때문이다. 주고받은 문화적 혼융과 전쟁과 병탄의 역사를 함께 한 애증의 관계야말로 우리가 그들과 함께 나누어야 할 고통의 이유이다. 우리가 함께 하지 않으면 안 되는 고통의 시간들은 저들과 함께한 이러한 애증과 경쟁, 굴욕과 갈등의 관계를 훨씬 넘어서는 어떤 것이지 않으면 안 된다.

지진 다음 날, 여진 백수십 회의 폐허의 거리에서 줄을 선 그들의 모습은 생소하고 신선했다. 식료품이나 물을 사기 위해 가게 앞에서 두세 시간을 줄을 서서 기다리고 있는 TV 속 풍경은 바로 하루 전의 도시가 물길로 떠밀려가는 장면과 대조를 이루고 있었다. 놀랍도록 빠르게 평온을 되찾아가는 그들의 모습이야말로 지진이 일상화 된 사회의 오랜 시련과 지혜의 산물일 것이다. 울부짖거나 뛰지 않으면서 순서를 기다리는 그들의 모습은 재앙의 한가운데서도 일상의 규범을 잃지 않은 의연함을 담고 있었다. 그들의 위기대처방식은 매우 성숙해 보였다. 이웃의 불행이 다만 하나의 교훈으로서가 아니라 자연이 우리에게 가해온 재난을 국가와 국가, 사람과 사람 간의 관계를 어떻게 새롭게 연대해주는 계기로 삼아야 할 것인가를 보여주는 듯 했다.

고통과 눈물이 사람을 지혜롭게 한다는 잠언이나 자기 고통은 참아야 하고 남의 고통은 돌봐 주어야 한다는 윤리강령은 너무 공리적이다. 대규모 재난 발생으로 피해가 클 수 있지만, 이후 그 극복의 과정에서 대규모의 노동력과 자본이 투입되어 경제가 활력을 찾아가고 산업도약의 기회가 마련될 수 있다는 이론이 이른바 재난의 역설이다. 이웃나라 일본의 재난을 보며 느낀 것은 그러나 사람과 사람 사이의 연대에 대한 또 다른 인간신뢰의 역설이었다. "일본의 지진은 하나님의 경고"라고 한 어느 교회지도자의 망언에 분노할 시간이 없다. 지금은 우리가 그들의 고통에 동참해야 할 시간이다.(2011)

막장 드라마

요즘의 TV 드라마는 편안히 앉아 감상하기가 어렵다. 진행이 황당하고 결말을 믿을 수 없다. 시누이, 올케가 문득 동서로 바뀌는가 하면 이혼 남녀가 다음 순간 각각 상대방의 이혼 남녀와 짝이 되어 만나기도 하고 불륜은 동기가 없고 이혼은 반복된다. 복수의 대상이라고 생각되지 않은 상대의 집안에 며느리나 아내의 자리로 잠입한다.

있을 수 있는 현실을 그럴싸하지 못하게 그리는 것은 작가역량의 미숙이고 거짓말 같지만 그럴싸하게 보이는 것 또한 작가의 역량일 것이다. 믿기지 않은 사건에 믿기지 않은 인물들의 믿기지 않는 결말의 드라마를 사람들은 '막장 드라마'라고 불렀다. 대중문화의 꽃이라 할 만한 TV 드라마에서 고도의 예술성이나 계도성을 요구해서도 안 되지만 이들이 대중에게 안겨주는 심미적 불쾌감이나 심리적 폐해 또한 경계하지 않으면 안 된다.

이른바 문화의 대중화 현상은 이상적으로 바람직하나 현실적으로 통속화를 초래하는 것이 불가피해진다. 많은 시청자들에게 고루고루 감상되기를 바라는 드라마는 작가의 개성이나 창의보다는 시청자의 상투적 감성과 평균적 욕망에 편승하게 된다. 매일 조금씩 진행되는 드라마는 그때그때의 흥미유지를 위해 자극적 성과 극적인 사건, 과장된 정서가 동원되기 마련이고, 무엇보다도 드라마는 시청률에 그 생명이 있으므로 작가는 시청자들의 통속적 유혹과 압력을 벗어날 수 없다. 대중문화의 통속화는 여기에서 비롯되며 산업화, 도시화, 세속화, 개체화로 치닫는 현대사회의 속성은 드라마에 그대로 반영될 수밖에 없다.

'막장 드라마' 는 그러므로 어느 정도 불가피하다. 많은 시청자들에게 조롱과 웃음거리가 되면서도 '시청률 1위' 를 고수했던 어떤 드라마는 한 사회의 의미를 어떤 형태로 담보하고 있었던 것은 아닌지 살펴볼 만하다. '있는 것' 과 '있어야 할 것' 을 찾는 대중에게 '없는 것' 과 '없어야 할 것' 을 지속적으로 제공해 주었던 그 드라마야말로 시대의 패러독스나 혹은 시대의 광기를 역으로 드러내고 있지나 않았는지 따져볼 일이다. 진지하고 비극적인 정황이 마침내 〈개콘〉 같은 희극적 정황으로 전환되는 과정에서 맛보게 되는 정서를 그들은 즐기고 있었던 것은 아닌지.

있을 수도 믿을 수도 없는 드라마를 보고 킬킬대는 대중들의 심리적 배경에는 이 드라마들이 안고 있는 한 시대의 '사회적 약호(code)' 를 발견한 데 대한 정서적 고양감이 숨겨져 있을 것이다. 그것은 우리 사회에 만연한 돌발성, 우연성, 폭력성, 불합리성에 대한 은유일 수 있으며, 패러독스이든 패러디이든 감상자의 오늘의 '막장' 세계에 대한 심미적 반응이기도 할 것이다.

그러나 우리가 요즘 시청하고 있는 있을 수도 믿을 수도 없는 각료들의 '막장' 청문회 현장은 우리를 슬프게 한다. 우리가 분노하는 것은 그것이 드라마가 아니라 현실이기 때문이다. 드라마는 있을 법한 허구의 기록이지만 역사는 있었던 사실의 기록이므로 우리는 절망하는 것이다.(2010)

디자인
도시

서울시는 그동안 건설과 산업 중심, 기능과 효율 중심의 개발 패러다임이 우선시되는 하드 시티였음을 인정하고, 이제는 문화와 디자인이 중심이 된 소프트 시티로 거듭날 것을 계획하고 있다고 한다. 그리하여 "천혜의 수려한 자연경관을 살린 건강한 생태 도시, 유구한 역사와 전통문화에 맥이 닿아 있는 품격 있는 문화 도시, 세계 첨단의 IT 인프라를 활용한 역동적인 첨단 도시, 수준 높은 교육을 받은 천만 시민에 의한 지식기반의 세계 도시"를 '디자인 서울'의 비전으로 들고 있다. 우수 디자인 도시로서의 서울이 아니라 디자인되어야 할 거대 도시로서의 서울에 대한 인식과 자각은 늦었지만 중요한 계기인 듯하다.

최근 들어 이러한 노력의 결과로 공룡처럼 비대해지고 실타래처럼 엉크러진 도시미관이 조금이나마 개선되고 있다는 징후들이 여기저기 보인다. 특히 불필요한 콘크리트 조형물이 철거

되고 빈 공간에 나무들을 심거나 웅덩이로만 남아있던 천변에 석축을 쌓고 물길을 터주는 공사는 그 좋은 예다.

그러나 지금까지의 도시의 발전이 소위 '하드적인' 것 외에는 나아진 것이 별로 없다. '소프트 시티 '를 구현하고자 하는 하나의 시범으로서 최근에 새로 조성된 광화문 광장의 조경은 그 대표적인 실패의 사례로 보인다. 지금의 광화문은 한마디로 풍경과 사물과 인간의 조화가 얼마나 중요한 조경의 목표인가를 역설적으로 보여준다. 장검을 들고 먼 바다를 응시하고 있는 듯한 장군의 자세는 높고, 의자에 앉아 웃음 짓고 있는 왕의 모습은 무겁기만 하다. 우리는 두 동상의 거대함에 이내 압도되고 그 거대한 시각공해 조형물 앞에서 초라하고 왜소해져버린 자신들의 모습에 놀라게 된다. 왜 그 두 역사적 인물이 우리와 교감되지 못하고 거대한 풍문으로 허공에 떠 있는 것일까. 일방적 혹은 위압적인 포즈에 이물감만 더하게 되고, 광화문광장에서 시민들은 더 이상 더불어 함께 서 있는 동반적 존재가 아니다. 조형물은 다만 경배해야 할 강요받는 대상이 되고 말았다.

그 이유는 무엇보다도 그 조형물의 크기의 무모함과 속악함에 기인하는 것이라 하겠다. 큰 것과 작은 것, 많은 것과 적은 것의 차이는 물질적인 것과 문화적인 것의 차이일 것이며, 가치의 차이가 아니라 세련미의 차이일 것이다. 그 거대한 조형물은 그러므로 우리 시내의 허기의 표현이지 권위에의 상징인 뿐, 풍경과 사람의 조화는 아니었다.

거대 도시 서울의 속악한 욕망과 허기를 드러내는 또 하나의 소프트는 건물 곳곳에 무차별로 붙어있는 간판들이다. 크고 넓고 다닥다닥 붙어있는 원색의 간판들은 도시의 욕망과 허세의 전시물들이다. 또한 버스에 그려진 광고물들은 원색의 달리는 폭력이라 할 수 있다. 그 광고들은 버스의 이마에 표시된 출발지와 행선지를 조롱하며 승객들을 협박한다. '○○학원', '명품남성수술', '○○개소주' 라는 광고가 아예 페인트로 고착되어 있다. 현대의 산업 자본사회에서 이러한 광고물들의 범람은 피하기 어렵겠지만 디자인되지 않은 공공의 대중교통 속의 광고는 정비되어야 한다.

'명품남성수술' 로 달리는 버스는 정거장을 알리는 방송과 함께 '요실금' 치료로 서고, 이내 '치과' 병원을 소개하는 방송멘트로 달린다. 다음 정거장을 알리는 한국어, 지금 정거장을 알리는 영어방송 사이에 이어지는 동네 치과의 임프란트 광고의 볼륨은 시각공해에서 청각공해로 이어진다. 엄마 곧 들어가니 냉동실에 넣어둔 만두는 미리 꺼내놓으라고 악을 쓰는 여인의 휴대전화 목청은 차라리 모성애가 넘쳐서 좋다.

광장의 거대한 인물, 건물과 골목을 뒤덮고 있는 간판과 광고의 크기에서 우리는 다스려지지 않은 도시의 조야한 허세와 욕망의 크기를 본다. 도시의 키치적인 풍경 속에서 우리가 느끼는 이러한 '심미적 분노' 는 새로운 이미지와 조경의 동력으로 승화시켜야 한다. 아름다운 도시의 출발은 우선 확성기 없는 거리, 나즈막한 조형물, 작은 간판, 예쁜 글자에서 시작된다.(2010)

돌아온
공안문화

과거 어느 사회, 어느 정권에서도 자주 있었던 일이기는 하지만 특히 새 정부 들어서서 부쩍 늘어난 일련의 사태들은 참담하다. 정권이 바뀌자마자 국립 미술관 관장을 비롯, 각 문화예술계 단체장들에 대한 자진, 강제 사퇴가 이어지더니, 방송사 PD나 아나운서에 대한 물갈이가 속도위반을 하고, 정부 지원금이 관의 홍보와 행사에만 몰렸다. 인터넷 논객 미네르바를 재판에 회부하여 우리를 놀래키더니, 급기야는 학술 문화단체의 정부지원금 청구요건에 정부시책에 반하는 일체의 시위에 대한 '불참확인서' 첨부를 요구했다. 촛불집회 참여 시민단체에 정부 보조금 지원이 중단되었고, 시국선언 교수에 대한 연구비 지원 불가 조치 의혹이 제기되었다.

최근에는 젊은 연예인들의 수난이 이어졌다. 가수 윤 모 씨에 대한 시비에 이어, 인기 프로그램 〈1박 2일〉에서 활약을 해온 김 모 씨의 하차 소식에 젊은 시청자들은 놀랐고 "하차를 고민하고 있었다. 음악인으로 돌아간다"는 해명은 팬들을 더욱 슬프게 했다. 〈김 아무개 쇼〉는 첫 방송을 고지했으나 취소되었고, 김 씨의 소속사는 "그가 노무현 전 대통령의 추도식에서 사회를 맡는다는 소식이 언론을 통해 알려지자 제작진이 추도식 참석을 재고할 수 없겠느냐는 요청을 해왔다"고 공개했다. 결국 김 씨 측은 방송하차를 발표했다. 공영방송의 한 개그프로도 납득하기 어려운 사정으로 막을 내렸다. 제작진은 코너 폐지에 대해 소재 고갈을 이유로 내세우고 있지만 그것은 '소재고갈'이 아니라 '소재만발'이 문제였던 것 같다. 지난 4월, 여당의 한 의원이 국회 문방위에서 "1등만 기억하는 더러운 세상이라는 대사가 찜찜하다"면서 "어떻게 이 프로그램에서 그런 대사가 나오는지 이해가 안 된다"고 했다고 한다. 놀라운 일이다.

요즈음 우리 사회에 일고 있는 이 낯 붉어지는 기억 — 과거 독재시절에 우리가 익숙하게 경험했던 이 '공안문화'로의 시간회귀는 무엇보다도 그 방법의 진부함과 내용의 치졸함이 우리를 슬프게 한다. 구 정권에서 장관을 지낸 영화감독의 시나리오가 작품심의에서 빵점을 받았고 그 작품이 권위있는 국제영화제에서 각본상을 받았다. 오판은 비평의 일종이지만 왜곡은 폭력이다. 대통령과 매우 닮은 얼굴의 어떤 배우에게 연예활동을 금지시켰다던 옛 군사정권의 행태를 생각나게 한다.

유머와 풍자는 하나의 즐거운 굿판이자 쇼이다. 우리들의 삶에 대한 농담과 야유가 허용되지 않은 사회란 공포 그 자체일 것이다. 풍자와 유머는 그것과 함께 삶의 무게와 비애를 함께 사상해 주는 소통의 담론들이다. 풍자가 허용되지 않은 사회, 굿판이 벌어질 수 없는 축제란 상상할 수 없다.

권력은 그 속성보다는 그 품격에서 빛을 발하거나 어둠을 몰고 오거나 한다. 어차피 권력은 개인과 집단의 역학관계가 만들어낸 부산물이고 자신의 임무를 수행하는 과정에서 종종 따르게 되는 횡포의 한 사례이기는 하지만, 힘에 의해 유지되는 권력은 또 다른 권력에 의해 무너질 수밖에 없다. 선을 위해 행사되지 않은 어떠한 권력도 악의 편이다. 잘못 사용된 권력은 권리의 포기이고 함부로 사용된 권력은 폭력이다. 그리고 그것이 음모와 결탁했을 때는 이미 권력이 통제력을 잃었음을 자백하는 것에 다름없다.(2010)

대학의 영어 개그

각 대학들이 영어로 하는 강의를 늘리고 있다. 요즘에는 한술 더 떠 강의의 몇 퍼센트를 영어로 진행하고 있는가에 따라 그 대학의 '국제화' 혹은 '대외경쟁력'을 가늠케 해주는 잣대로 내세우는가 하면, 신임교수를 뽑을 때 아예 영어로 강의가 가능한 자를 우선으로 하는 규정을 공시하기도 한다. 이러한 영어 강의는 서울의 유명 대학들에서부터 경쟁적으로 시행되어 점차 다른 대학들로 확산되는 추세이다.

영어는 특정국가의 언어가 아니라 세계어로서의 영향력과 권능을 행사하기 시작한 지가 이미 오래다. 세계의 정치 경제 문화의 중심인 미국의 막강한 힘은 영어의 확장으로 이어졌고, 우리나라의 해외유학 동향도 유럽에서 미국으로 그 중심이 옮겨진 지 오래다. 한국의 대학교원 임용에 미국 박사가 60%에 이르고 있는바, 이는 학문적 편향이 이념적 종속으로 이어지는 사태를 우려할 만한 수치이다.

그렇다고 우리는 지금 영어가 세계의 중심어로 떠오르는 현실을 구경만 하고 있을 수는 없는 일이고, 그러한 급변하는 세계의 변화에 능동적으로 대처하는 방안을 강구하여야 할 것이다. 그 구체적인 대응이 당연하게도 영어구사능력의 배양임은 물론이다.

그래서 그 정책의 이념과 방법이 중요해졌다. 영어로 말하고 쓰기를 유치원 아이들에서부터 서두르는 작금의 영어 학습 실태는 요란스럽기는 하지만 걱정스러워할 일은 아니다. 언어 학습은 이를수록 좋기 때문이다. 문제는 학교에서의 영어 강의이다. 영어가 얼마나 중요한 과목이 되었는가는 이제 누구나 다 알게 되었지만, 영어로 강의하는 것과 영어 교육을 강화하는 것은 다른 문제라는 사실을 아는 사람은 그리 많지 않은 것 같다

언어적 식민화가 심각한 요즘의 대한민국은 곳곳에서 '영어 개그'가 넘쳐나고 있다. 거리마다, 간판마다, TV마다 넘쳐나는 영어가 마침내 대학에서 모국어를 몰아내는 사태에까지 이르렀다. '영어를 배우느니 아예 영어로 살자'는 논리일 터인데, 한 사회의 지성들이 모인 곳이니 그러한 야심을 상상해 볼 수도 있겠지만 이 얼마나 순진한 어리광이며, 무지막지한 만용이며, 어리석은 발상인가.

그것이 어리광이며, 만용이며, 어리석음이라는 것을 강의를 담당해 본 교수나 수강해 본 학생의 경험담을 통해서 직접 확인해볼 필요도 없이 이것은 참으로 익살맞다. 영어로 강의하는 한국인 교수의 영어 능력도 심히 걱정이 되는 바이고, 그 강의를

듣고 있을 한국 학생의 영어 버릇도 걱정이 되고 그 때문에 망가지는 영어의 위의도 문제이고, 영어로만 살아온 원어민이나 모국에 유학 온 한인 2, 3세 수강생들이 '못 알아듣겠다' 고 아우성치는 무국적 언어가 걱정되고, 무엇보다도 모국어로 강의할 경우의 몇 분지 일에도 미치지 못할 지식과 정보의 분량이 문제다. 능률과 효율, 명분과 철학, 교육자와 피교육자의 자기 정체성의 문제들에서 영어 강의는 그야말로 '개그' 일 뿐이다. 이러한 유희를 세계화 국제화를 지향하는 시대의 흐름으로 치부해버리기에는 사태가 너무 심각하다.

지금 우리는 언어적 위기를 맞고 있다. 특정 외국어에 침윤된 교육의 위기는 곧 정신의 불모로 이어진다. 지금, 여기에서, 얼마간 영어가 지배적으로 존재하지만 어느 때부터인가 그것은 다른 언어로 대체될 것이라는 역사의 순환의 논리를 고착의 논리로 오도하고 있다. 언어와 민족이 어떤 관계인지, 학문의 깊이와 넓이가 무엇인지, 지식과 정보의 전달이 기능인지 효율인지, 문화와 풍토가 어떤 관계인지, 교육의 주체가 누구이며 누구를 위한 교육인지를 따지는 것은 이 지구촌시대에 걸맞지 않은 진부하고 생뚱맞은 소리이기만 한 것인가.

요즘의 영어 현상을 사회문제로 인식하지 못하는 현실은 무엇보다도 위기이다. 그 잦던 단체나 학회의 성명서들은 다 어디로 갔는지, 침묵과 고요 속에 묻혀 한마디 우려의 목소리도 내지 않고 있다. 그들은 자신들이 국수주의로 내몰리는 것이 두려운가, 아니면 교육을 포기했는가. 언어와 문학은 말할 것도 없고, 심리, 마케팅, 사회복지 이론을 영어로 말하고 알아들을 사람이 얼마인가를 언제까지 모른 체하고 있을 것인지, 영어 바이러스에 감염된 그들은 모두 침묵이다. 대학을 하나의 거대한 영어 연습장으로 전락시킨 오늘의 대학은 제 길을 찾아야 한다. 도구를 목표로 착각하고 있는 이 무주체 외화주의外化主義가 문제다. (2010)

사실과 의견

"70세 할아버지 김 아무개 씨는 이웃집 박 아무개 여인에 대한 자신의 청혼이 거절되자……."로 시작되는 방송뉴스가 있었다. "대학교수가 택시 기사와 요금시비 끝에 주먹질"이라는 신문의 일단짜리 헤드라인도 있었다. "국회의원 L 씨, 두 번의 이혼경력 숨겨" 혹은 "○○교회 S 목사, 은평지구에 땅 투기 의혹"이라는 기사도 있었다.

이 방송의 보도나 신문의 기사들은 모두 사실에 근거한 것이었으며 우리시대의 언어적 어투나 사회적 어투가 적절히 어울려서 듣고 읽는데 무리가 없었다. 우리는 매일매일, 끊임없이, 각종 매체로부터의 이러한 수많은 정보들을 듣고 보고 읽는다. 습관적으로 매일 접하게 되는 이 보도들은 그러나 조금만 자세히 듣거나 읽게 되면 거기에는 적지 않은 폭력이 개재되어 있음을 보게 된다. 보도와 논평을 그 중심 기능으로 하는 신문과 방송이 이러한 문제들을 드러내는 것은 한편 자연스러운 일이기도 하다. 사실에 근거해야 하는 보도의 객관성과 해설을 담보해야 하는 논평의 주관성이 함께 만나서 만들어낸 기능이고 발생한 문제이기 때문이다.

그러나 "70세 할아버지가 이웃집 여인에 대한 청혼이 거절되어 저지른 사건"은 잘못 보도된 뉴스이다. 그 '70대 할아버지'는 '70세 남성'으로 고쳐져야 하며, 더욱 객관적으로는 그를 그냥 '김 아무개 씨'로 부르거나 나이는 필요한 경우 괄호 안에 넣었어야 한다. 어디서부터 노인이고 그는 또 누구의 할아버지란 말인가. 어떤 남성의 잘못 분출된 감정표시가 이웃에 피해를 주고 물의를 일으킨 것이지, 그가 "70세나 된 나이든 할아버지"였다는 멘트는 사족이고 의견이다. 대학교수의 주먹질도 마찬가지다. 주먹질을 한 행위와 그 주인공이 대학교수였다는 사실 사이에는 아무런 사건의 연고성이 없다. 두 번의 이혼경력을 숨겼다는 보도 역시 어떤 공직자에 대한 사생활 간섭이며 목사의 땅투기 의혹은 부정한 토지거래를 지적한 것이 아니라 어떤 성직자의 세속적 욕망에 대한 비난이다. 이러한 보도들은 엉뚱하게도 70세 되는 남성의 나이와 어떤 국회의원이라는 이름의 공직과 교수와 목사라는 이름의 신분에 대하여 먼저 간섭할 것을 유도하고 있다. 연로한 사람이나 사회지도층에게 요구되는 도덕적 윤리적 지표들은 다음의 문제다.

기사는 사실을 다루되, 평가는 유보하거나 독자나 시청자의 몫으로 넘겨야 한다. 이 보도들에는 물론 한 남성의 잘못된 감정표현에 대한 비판, 교육자의 성정에 맞지 않는 행위, 평범하지 않은 어떤 정치인의 가정, 세속화된 성직자의 모습들에 대한 우리들의 염려를 반영한 것으로 이해된다. 그러나 이러한 우려와 염려마저도 월권이고 간섭인 것이 현대사회다. 기사화된 사건은 사실의 표면이지 전모가 아니다. 바로 얼마 전에는 청와대의 전직 관리의 공금수뢰사건을 놓고 젊은 재판관이 잘 모셔야 할 대통령을 욕되게 했다는 '평가'를 곁들여 더 무거운 판결을 내렸다고 한다. 이 역시 월권이다. 그 피의자는 자신의 공금횡령을 추궁받는 외에 상관에 대한 인간적 도리나 의리까지 간섭받은 것이다. 의견논거가 사실논거를 압박한 경우이다.

보도의 공정성은 보도를 결정하고 그 크기와 분량이 정해지는 과정에서 이미 객관성은 훼손되기 마련이지만, 그럴수록 사실논거는 더욱 중요한 덕목으로 간주되어야 한다. 언론의 사회계도성은 중요한 기능이고, 어차피 우리들의 삶은 도덕과 윤리의 굴레로부터 벗어나 영위될 수는 없지만, 이럴 때일수록 언론에게 주어진 보도와 논평이 권력으로 둔갑되는 사태를 경계해야 한다. 언론이 거대집단, 거대권력, 하나의 정부로 공룡화되어가는 작금의 현실은 우리로 하여금 개인에게 갖는 그들의 존엄성에 대한 인식을 강화하고, 개인의 인권이 무너질 때 그 사회도 함께 무너질 수밖에 없다는 위기의식으로 재무장할 것을 요구하고 있다. 알게 모르게 우리의 일상에 파고드는, 보도를 가장한 논평의 오만과 편견은 또 다른 형태의 폭력이다.(2010)